W0035273

# Selbstheilung durch NLP

Wolf Weigel

# Selbstheilung durch NLP

Ein neuer
Weg zur
ganzheitlichen
Gesundheit

Urania

# Inhalt

# Selbstheilung durch NLP

## Eine neue Methode für mehr Gesundheit

Mit Hilfe des Neurolinguistischen Programmierens (NLP), einer neuen Methode aus den USA, können Sie selbständig, selbstbewußt und aktiv Ihr Wohlbefinden und vor allem Ihre Gesundheit mitgestal-ten. Mit NLP können Sie vielen Gesundheitsstörungen und psychosomatischen Erkrankungen vorbeugen, sie lindern und manchmal sogar verhindern, daß Sie überhaupt krank werden. NLP ist eine leicht zu erlernende Methode, die Ihnen helfen kann, glücklich, zufrieden, aktiv und gesund ein hohes Alter zu erreichen.

Das Neurolinguistische Programmieren ist das Trainingsprogramm für eine glückliche und gesunde Lebensführung.

Aber NLP ist nicht nur eine Methode, um in Selbsthilfe gesund zu bleiben oder zu werden, sondern NLP verhilft Ihnen auch zu einem Mehr an Lebensfreude und Zufriedenheit und schafft damit die Voraussetzungen für eine erfolgreiche Berufstätigkeit.

Im ersten Teil dieses Buches finden Sie nach der Einführung einen Basiskurs in NLP (auf Seite 18 ff.), der Sie in die Lage versetzt, die NLP-Grundlagen in nur einer Woche zu erlernen. Mit Hilfe dieser Techniken können Sie sich dann daran machen, entweder regelmäßig mit Hilfe von NLP Gesundheitsvorbeugung zu betreiben oder Sie arbeiten auch den zweiten Teil des Buches durch und beschäftigen sich mit dem Kurs für Fortgeschrittene (auf Seite 58 ff.), der Sie in die Lage versetzt, aktiv in Selbsthilfe mit den meisten psychosomatischen Krankheiten fertigzuwerden bzw. sie zu lindern oder gar zu verhindern. Im dritten Teil finden Sie, von Kopf bis Fuß geordnet, die häufigsten psychosomatischen Erkrankungen, die mit Hilfe spezieller NLP-Techniken, gebessert, gelindert oder gar verhindert werden können.

**Alles, was Sie dazu brauchen:**

**1** *Papier und Bleistift oder Kugelschreiber*

**2** *Etwa 10 Minuten Zeit täglich oder eine Stunde pro Woche*

**3** *Einen Schnellhefter mit der Aufschrift NLP-Kurs für meine Gesundheit*

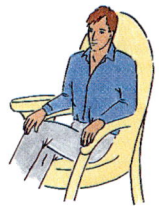

**4** *Einen ruhigen Platz zum Zurückziehen*

# Was ist überhaupt NLP?

**Das Geheimnis einer gesunden Lebensführung**

Viele Menschen wünschen sich Gesundheit, Glück, Lebensfreude und Erfolg, aber sie machen dabei, meistens ohne es zu wissen, einen entscheidenden Fehler: Sie wissen ganz genau, was sie nicht wollen und formulieren ihre Wünsche entsprechend negativ. Sie möchten nicht mehr krank sein, sie möchten ihren Arbeitsplatz nicht verlieren, sie wollen nicht mehr so wenig Geld verdienen oder nicht immer so schlaff sein oder… oder… oder…. Wenn Sie sich heute einmal in der Wirtschaft, der Politik oder auch im täglichen Leben umsehen, dann springen Ihnen diese Negationen geradezu ins Gesicht: »Die Lohnkosten sind zu hoch!«, »Die Renten sind nicht mehr sicher!«, »Die Männer sind nicht mehr treu!« oder ähnliche Sätze beherrschen unser Denken, Fühlen und Handeln.

**Warum waren vier Therapeuten in den USA so erfolgreich bei der Behandlung ihrer Patienten?**

Die Erfinder des Neurolinguistischen Programmierens (NLP), Richard Bandler, Psychologe und Informatiker, und John Grinder, Professor für Linugistik (Sprachwissenschaftler), fanden heraus, daß man sich selbst und anderen nur dann erfolgreich helfen kann, wenn man seine Ziele und Wünsche positiv formuliert. Nur dann, so ergaben ihre jahrelangen wissenschaftlichen Forschungen, können wir unser Denken, Fühlen und Handeln so beeinflußen, daß wir gesund werden.

**1** *Fritz Perls' Geheimnis*
*Anders als zum Beispiel der Vater der Psychoanalyse, Sigmund Freud, der der frühkindlichen Vergangenheit größte Wichtigkeit einräumte, stellte Fritz Perls in seiner Gestalttherapie die Zeitdimension des »Hier und Jetzt« seiner Patienten in den Mittelpunkt seiner Therapie. Unser Bewußtsein, so fand Perls heraus, bewertet gegenwärtige Ereignisse aufgrund vergangener Erfahrungen. So bezog er auch zukünftige Erwartungen in seine Analyse mit ein. Durch plastische Erfahrungen ermöglichte er seinen Patienten, herauszufinden, welchen Einfluß Erinnerungen auf das gegenwärtige Erleben haben können.*

**2** *Virginia Satirs Geheimnis*
*Virginia Satir arbeitete als Sozialarbeiterin in der Psychiatrie und war von ihrer Herkunft und von ihrem Arbeitsfeld her eher eine pragmatisch orientierte Frau. Sie entwickelte im Verlauf ihrer Arbeit mit Familien eine ausgefeilte Fragetechnik, mit deren Hilfe sie die verworrensten Probleme ihrer Klienten lösen konnte.*

**3** *Milton Eriksons Geheimnis*
*Der Psychiater arbeitete mit einer, von ihm entwickelten Hypnosetechnik und Hypnosesprache und vermittelte Bandler und Grinder tiefe Einsichten in das Unbewußte des Menschen, welches in der Hypnose verstehbar gemacht werden konnte.*

**4** *Moshé Feldenkrais' Geheimnis*
*Moshé Feldenkrais schließlich, der als Physiker und Verhaltensforscher gewohnt war, naturwissenschaftlich zu denken, half den beiden, den Zusammenhang zwischen Bewegungsmuster, Sinneswahrnehmungen und Denkmustern zu verstehen.*

Richard Bandler und John Grinder war in den siebziger Jahren dieses Jahrhunderts aufgefallen, daß es einigen sehr erfolgreichen Psychotherapeuten in den USA gelang, ihren Patienten schnell und dauerhaft zu helfen. Folgerichtig beschlossen sie daher, diese etwas genauer »unter die Lupe« zu nehmen und zu versuchen, hinter das Geheimnis des Erfolges zu kommen. Die vier erfolgreichsten Therapeuten dieser Zeit hießen übrigens Virginia Satir (Familientherapeutin), Fritz Perls (Gestalttherapeut), Milton Erikson (Hypnosetherapeut) und Moshé Feldenkrais (Körpertherapeut).

Ähnlich wie seinerzeit Dale Carnegie, der die erfolgreichsten Männer seiner Zeit untersuchte, um herauszufinden, weshalb diese so erfolgreich waren, machten sich Richard Bandler und John Grinder daran, das therapeutische Geheimnis der vier Erfolgstherapeuten zu entschlüsseln. Aber anders als Dale Carnegie, der seine Wirtschaftsführer lediglich interviewte, untersuchten Bandler und Grinder die Therapeuten mit wissenschaftlicher Genauigkeit. Dabei entdeckten sie etwas, was so einfach war, daß sie es kaum glauben konnten. Aber es waren nicht die eigentlichen therapeutischen Methoden, sondern die Art und Weise, in der die erfolgreichen Therapeuten aus ihren eigenen Erfahrungen lernten.

Bandler und Grinder machten Videoaufnahmen der Therapeuten, werteten diese minutiös aus, zerlegten alle Interaktionen der Therapeuten und der Patienten in kleine und kleinste Einheiten und fügten sie wieder zu einem Ganzen zusammen. Die Analyse ergab einige zentrale Techniken, die sie nun selbst immer wieder anwandten und so kopierten, um hinter das Geheimnis der erfolgreichen Therapeuten zu kommen. Sie machten das solange, bis sie selbst so erfolgreich waren wie ihre Vorbilder. Aber damit gaben sie sich noch lange nicht zufrieden. Im Gegenteil: Sie hatten den Anspruch allgemeingültige Verfahren zu finden, die jederzeit und mit jedem Patienten wiederholbar wurden. Dazu tauschten sie die verschiedenen Techniken untereinander aus und optimierten sie durch Tests so lange, bis sie eine grundsätzliche Vorgehensweise fanden, mit der sie zufrieden sein konnten.

Das von ihnen erarbeitete Modell, welches sich auf die Entstehung von Störungen und auf die Behebung solcher Störungen (oder Krankheiten) anwenden ließ, fand schnelle Verbreitung in den USA und von dort aus in aller Welt. Die Grundsätze dieses Modells sind:

▶ Man schult seine Wahrnehmung,
▶ beobachtet damit sich selbst,
▶ macht sich eine Vorstellung von seinen Wünschen und/oder Zielen,
▶ bearbeitet diese Zielvorstellung so lange, bis sie in die Realität umgesetzt werden kann.

**Das Geheimnis erfolgreicher Therapeuten ist einfach und sehr effektiv**

**Einige Grundsätze des NLP: Schulung der Selbstwahrnehmung, Selbstbeobachtung, Vorstellung von Wünschen und Zielen, kontinuierliche Verbesserung der Wünsche und Ziele bis zur Realisation**

Der bekannte NLP-Therapeut Dr. Roderik Heinze schreibt in seinem Buch »NLP – Mehr Wohlbefinden und Gesundheit«: »In einem ersten Schritt beobachten wir durch eine geschulte Wahrnehmung, was wir im Augenblick gerade tun. Im zweiten Schritt machen wir uns aufgrund unseres Bedürfnisses nach Veränderung ein Wunsch- oder Zielbild von uns selbst. Im dritten und letzten Schritt springen wir in dieses Bild hinein, um es zu testen, zu verbessern und an unsere Lebensweise anzupassen.«

Diese drei Schritte:
▶ 1. Selbstbeobachtung,
▶ 2. Aufstellung eines Veränderungszieles,
▶ 3. kontinuierliche Verbesserung des Zieles bis zur Realisation
sind einige der Grundpfeiler des NLP. Vielen Lesern wird das zwar verständlich sein, aber bei weitem noch nicht nachvollziehbar. Am besten läßt sich das an folgendem Fallbeispiel darstellen.

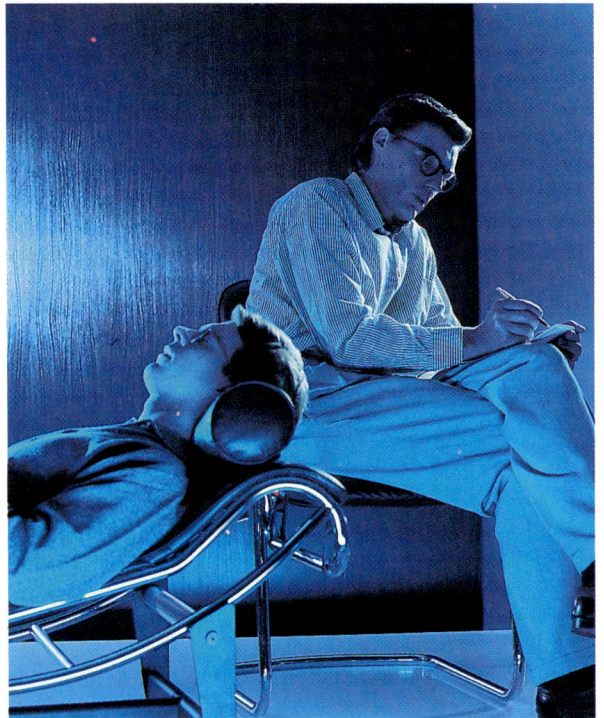

# Ein Fallbeispiel aus der Praxis

Herr Müller, 54 Jahre alt, Krankengymnast mit eigener Praxis, klagt in der Psychotherapie, daß er sich selbst keine Grenzen setzen könne. Er würde sich immer wieder hoffnungslos überfordern. Der Therapeut rät ihm, sich beim nächsten Mal genau selbst zu beobachten. Außerdem solle er sich bis zur nächsten Sitzung auch überlegen, wie er sich gerne in einer ähnlichen Situation verhalten würde. In der nächsten Sitzung eine Woche später berichtet der Patient, er habe die (Haus-) Aufgaben erledigt. Er sei sehr überrascht über das Ergebnis gewesen, weil er sich als erstes seinen jetzigen Zustand, seine ständige Selbstüberforderung angesehen habe, um dann ein Bild von sich zu entwickeln, wie er gerne in ähnlichen Situationen wäre. Dann sei er natürlich wieder in eine ähnliche Situation gekommen und habe teilweise schon anders reagieren können. Der Therapeut arbeitete dann mit Herrn Müller weitere konkrete und vor allem praktikable Verhaltensalternativen aus, die der Patient nach und nach in die Praxis umsetzte.

## Wie der Organismus Belastungssituationen verarbeitet

Was Herr Müller in einer Belastungssituation erlebte, daß er sich selbst keine Grenzen auferlegen konnte, kann anderen Menschen in ähnlichen Situationen ebenfalls passieren. Wenn wir uns eine solche Situation aber genauer ansehen, wird sehr schnell deutlich, was da exakt geschieht:

▶ Die Sinnesorgane nehmen eine Gefahrensituation wahr.
▶ Das Zwischenhirn erregt den Sympatikusnerv.
▶ Der Sympatikusnerv aktiviert die Niere.
▶ Die Nebenniere schüttet Adrenalin und Noradrenalin aus.
▶ Hormone beschleunigen Herz und Kreislauf.

▶ Zucker und Fettreserven werden als Supertreibstoff angezapft.
▶ Die Nebenniere schüttet Hydrokortison aus.
▶ Andere Körperprozesse (Verdauung, Sexualfunktion und das Immunsystem) werden abgeschaltet, um Energie zu sparen.

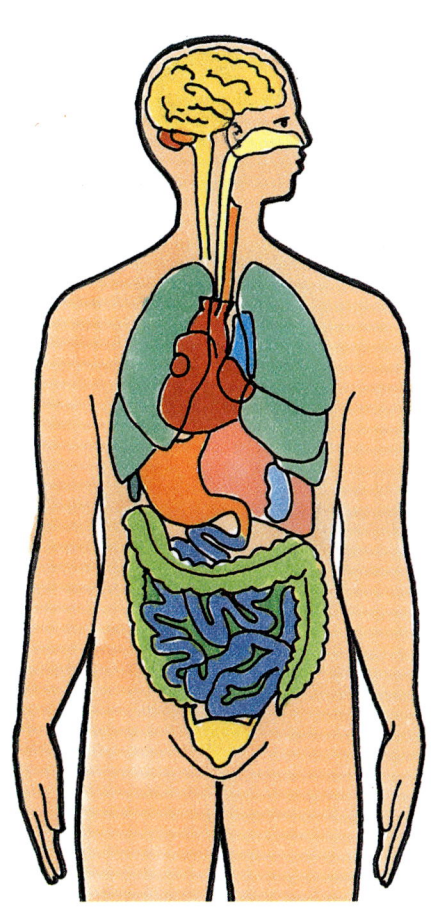

# Die Selbstbeobachtung

**In der Therapie lernt der Patient, sich selbst in Belastungs-situationen besser zu be-obachten. Er spürt dabei genau, was passiert und erlebt sich mehr als Zuschauer seiner Handlungen und nicht so sehr als Handelnder**

Wenn Herr Müller also in seiner Krankengymnastikpraxis arbeitet und eine Belastungssituation (ein Patient fängt zum Beispiel an zu nörgeln und sich zu beschweren) wahrnimmt, werden seine Sinnesorgane diese Wahrnehmung verarbeiten und die entsprechenden Maßnahmen ergreifen. Die Folge: Herr Müller wird erregt, verliert die Kontrolle und beginnt den Patienten scharf zurechtzuweisen. Es kommt also auf der einen Seite zu bestimmten Gedanken, die zum Beispiel so aussehen könnten: »Oh, Gott, schon wieder ein Meckerer! Wie soll ich bloß mit dem fertigwerden?« Diese Gedanken lösen wiederum neurophysiologische Prozesse aus, und Herr Müller fühlt sich aufgeregt. Er bekommt Angst, und sein Organismus spult das oben beschriebene Programm ab.

▶ Bestimmte Gedanken lösen bestimmte Körperreaktionen aus.
▶ Bestimmte Körperreaktionen führen zu weiteren Gedanken.
▶ Gefühle wie Angst oder Ohnmacht können aufkommen.
▶ Das Gefühl bestimmt die weiteren Reaktionen.
▶ Es kommt zu Überreaktionen.

Doch damit ist die komplexe Kette der äußeren und inneren Prozesse noch lange nicht zu Ende. Nach dem Vorfall, Herr Müller hatte den Patienten wütend aus der Praxis geworfen, macht er sich Vorwürfe. Diese Selbstbeschuldigungen lösen wiederum Gefühle aus. Die Gedanken, die auf diese Gefühle folgen, bestimmen die weiteren Handlungen. Herr Müller fühlt sich abgeschlagen, macht sich selbst Vorwürfe, bekommt Angst, daß der Patient nicht wiederkommt. Am Abend meint er dann, er müsse noch mehr arbeiten und länger bleiben, um den Vorfall vergessen zu können und um die erwartete Situation (der Patient bleibt weg) durch weitere Maßnahmen kompensieren zu können. Gegen 23 Uhr verläßt er seine Praxis völlig überarbeitet.

In der Therapie lernt der Patient nun, sich selbst in Belastungssituationen besser zu beobachten. Er spürt dabei genau, was passiert und erlebt sich mehr als Zuschauer seiner Handlungen und nicht so sehr als Handelnder. Parallel dazu fängt er aber auch an, sich vorzustellen, wie es wäre, wenn er sich anders verhalten würde. Er beginnt damit, ein Bild von sich zu entwerfen, wie er sein möchte. Der Therapeut leitet ihn an, sich auf dieses Bild so intensiv wie möglich einzulassen, sich richtig hineinzufühlen.

# Die Vorstellung des Wunschzustandes

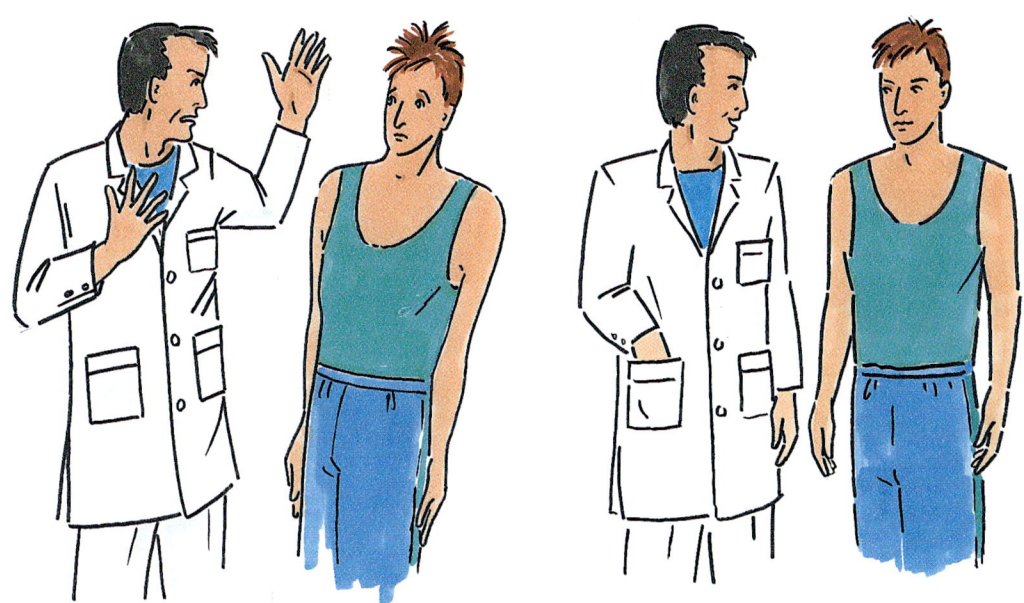

Bei der Vorstellung des Wunschzustandes, des Zieles also, geht es vor allem darum, zu erkennen, daß auch ganz andere Handlungsweisen möglich sind. Der Betroffene kann sich in der Phantasie vorstellen, wie er sein könnte. Dabei kommt es darauf an, sich möglichst genau und detailliert den Wunschzustand vorzustellen.

Hierzu finden Sie in den nächsten Kapiteln, zum Beispiel im »Basiskurs NLP« (auf Seite 18 ff.) weitere Anregungen und Hilfestellungen. Mit einfachen Mitteln und den dort vorgestellten Methoden können Sie lernen, wie Sie Ihre Vorstellungskraft und damit das Potential Ihres Gehirns um mehr als 400 Prozent steigern können!

**links:**
**scharfe Zurechtweisung des Patienten**

**rechts:**
**freundliche Zuwendung**

## So können Sie Ihre Vorstellungskraft steigern

**Negative Gedanken lösen Hilflosigkeit aus. Diesen Prozeß kann man jedoch allein durch seine Vorstellungskraft umkehren**

**So können Sie Ihre Vorstellungskraft nutzen, um neue, andere Gedanken und Gefühle in Ihrem Körper auszulösen**

▶ Machen Sie die Visualisierungsübungen aus dem »Basiskurs NLP« (Seite 28 ff.)

▶ Üben Sie ein- bis zweimal täglich nur drei Minuten.

▶ Schlagen Sie jetzt Seite 28 auf und machen Sie eine der dort vorgeschlagenen Übungen.

Vielleicht versuchen Sie es schon einmal an dieser Stelle. Sie werden sehen, es geht ganz einfach und kostet keinerlei Anstrengung. Aber wenn Sie diese kleinen Übungen immer wieder, zum Beispiel während der Fahrt zur Arbeit im Bus oder im Zug, oder während einer Arbeitspause ausführen, werden Sie schnell feststellen, wie Ihre Fähigkeit, sich (so geleitet) zu konzentrieren, immer besser wird! Je öfter Sie diese Übungen anwenden, desto genauer und detaillierter kann Ihr Gehirn auf ein Kommando beliebige Bilder produzieren. Und je genauer diese Bilder sind, desto besser wird es Ihrem Körper später gelingen, die erwünschten Handlungen auszuführen.

Damit das wirklich gut klappt, können Sie aber noch auf eine weitere Fähigkeit zurückgreifen, die Sie nicht erst zu erlernen brauchen, sondern schon beherrschen, auch ohne Übung.

Im Gespräch mit sich selbst: die Rolle der inneren Sprache auf unsere Gedanken, Gefühle und Handlungen.

Erinnern Sie sich an das Beispiel des Krankengymnasten Müller? Was tat dieser in der beschriebenen Belastungssituation? Er redete innerlich mit sich selbst. Er führte sozusagen Selbstgespräche. Das ist nichts außergewöhnliches. Jeder macht das, allerdings meistens, ohne es bewußt zu bemerken. Mit Hilfe von NLP können Sie aber lernen, die Kraft dieser Selbstgespräche zu nutzen. Im Normalfall sind das meistens negative Selbstgespräche, die in der Form wie »Ich kann das nicht!« oder »Ich schaffe das nicht!« ablaufen. Diese negativen Selbstabwertungen veranlassen aber, wie wir weiter oben schon dargestellt haben, unseren Organismus zu weiteren (Hormon-) Reaktionen. Diese spüren wir und interpretieren sie wiederum. Wir glauben dann, wir wären niedergeschlagen, depressiv oder, wie im Fall von Herrn Müller, auch gleichzeitig aggressiv und hilflos. Nur die wenigsten Menschen wissen, daß man diesen Prozeß aber auch umkehren und ihn dazu benutzen kann, sich anders als bisher zu verhalten.

**Drehen Sie Ihre Gefühle um, indem Sie sich vorstellen, Sie hätten die Situation so im Griff, wie Sie sich das wünschen.**

■ Man führt diese Übung folgendermaßen durch: Zuerst stellt man sich das alte Verhalten vor, möglichst bildhaft. Sie sehen sich als aggressiv, depressiv oder hilflos und spüren sich dabei auch. Dann springen Sie geistig aus dieser Vorstellung heraus und in die neue Vorstellung hinein. Sie sehen sich geistig nun so, wie Sie sich gerne hätten.

Stellen Sie sich das Ganze möglichst plastisch vor und entwickeln Sie dabei auch die entsprechenden Gedanken und Gefühle, von denen Sie glauben, daß sie mit dieser neuen Situation verbunden sein können. Wenn Sie es richtig machen, löst die plastische und detaillierte geistige Vorstellung auch die entsprechenden körperlich-seelischen Reaktionen aus. Achten Sie auf Ihre Selbstgespräche. Formulieren Sie sie ebenfalls um.

Ganz wichtig dabei ist es, sich auch die entsprechenden Sätze auszudenken, die die alten negativ besetzten Sätze ersetzen sollen. Dabei sollte man darauf achten, möglichst positiv zu formulieren und das Präsens (die Gegenwart) zu benutzen.

links:
das alte
Verhalten

rechts:
das neue
Verhalten

15

# Ein paar Beispiele für positive Sätze:

▶ »ICH BIN GANZ RUHIG UND GELASSEN!«

▶ »ICH HABE DIE SITUATION IM GRIFF!«

▶ »ICH SCHAFFE ES, DEN ANDEREN ZU BE- RUHIGEN!«

▶ »ICH SCHAFFE ES, ALLES ZU BEWÄLTIGEN!«

**Mit Hilfe des NLP können Sie aus alten Programmierungen der Vergangenheit aussteigen und sind ihnen nicht mehr hilflos ausgeliefert. Mit NLP gewinnen Sie die Freiheit, selbstbestimmt entscheiden zu können, was Sie tun wollen**

Auch später, wenn Sie mit Hilfe des NLP zum Beispiel Krankheiten vorbeugen oder lindern oder sie sogar verhindern wollen, spielen ähnlich formulierte Sätze (»Gesundheitssätze«) eine wichtige Rolle bei der Auslösung körpereigener Vorgänge. So kann man zum Beispiel mit solchen oder ähnlichen Sätzen sein Immunsystem dazu bringen, sich mit Eindringlingen (Viren, Bakterien) zu beschäftigen und diese zu vernichten! Während negativ formulierte Sätze und Gedanken die entsprechenden Wirkungen auf Organismus und Seele ausüben, sorgen Gesundheitssätz für die entgegengesetzten Auswirkungen.

▶ Gesundheitssätze werden positiv formuliert.

▶ Gesundheitssätze werden im Präsens gebildet.

▶ Gesundheitssätze entfalten eine positive Reaktion im Gehirn.

▶ Gesundheitssätze sorgen dafür, daß man sich besser fühlt.

## »N« wie Neurologische Prozesse

Befindet man sich in einer Belastungssituation, wird man diese über seine Sinnesorgane wahrnehmen. Über Augen, Ohren, Mund, Nase, Haut oder Hände werden dem Gehirn Signale zugesandt. Es verarbeitet und interpretiert die Signale und trifft weitere Entscheidungen, die die Steuerung des Körpers betreffen. Bei immer wieder vorkommenden, ähnlichen Situationen reagiert das Gehirn mehr oder weniger automatisch und löst eine Kette von Reaktionen aus. Mit Hilfe von NLP-Methoden kann man auf diese Prozesse bewußt und gezielt Einfluß nehmen und sie in positiver Weise verändern.

## »L« wie Linguistik

Der einfachste Weg besteht in der Benutzung einer Sprache, die geeignet ist, andere Gehirnreaktionen, andere Steuerungsprozesse im Gehirn hervorzurufen. Das NLP-Training macht sich die neusten wissenschaftlichen Erkenntnisse zunutze, nach denen negativ formulierte Sätze zu entsprechenden Körperreaktionen führen, während positiv formulierte Sätze den Prozeß umkehren können.

## »P« wie Programm oder Programmieren

Durch jahrelange Untersuchungen haben die Väter des NLP die besten therapeutischen Methoden herausgefunden und durch kontinuierliche Anwendung ständig weiter verbessert. Dabei entdeckten sie ein Programm, mit dessen Hilfe man sich im besten Wortsinn selbst programmieren kann.

■ NLP = Neurologische Prozesse mit Sprache steuern und programmieren, um mehr Einfluß auf die eigenen Reaktionen zu bekommen.
■ Mit NLP kann man aus den alten Programmierungen der Vergangenheit aussteigen und sich selbst neue herstellen.
■ Mit NLP sind Sie keine ferngesteuerte Marionette Ihrer Umwelt, sondern können selbstbestimmt Ihren Weg machen.

Probieren Sie in der Phantasie Ihre neuen Handlungsmöglichkeiten aus!

Nachdem Sie sich selbst in den bisher belastenden Situationen beobachtet haben, Ihre Wahrnehmung für sich selbst geschult haben und aus negativen Selbstgesprächen positive Selbstgespräche gemacht haben, sollten Sie im nächsten Schritt einfach für einige Zeit so tun, als ob Sie schon in der Lage wären, sich anders als bisher zu verhalten.

▶ Immer dann, wenn Sie Zeit haben, machen Sie eine Phantasiereise und tun zumindest in Gedanken so, als ob Sie schon alles können, was Sie wollen.
▶ Spinnen Sie ruhig Ihre Handlungsweisen so aus, als wenn Ihnen nun alles gelingen würde.

▶ Das macht nicht nur Spaß, sondern führt auch zu guter Laune.
▶ Gehen Sie dabei so detailliert wie möglich vor.
▶ Schulen Sie Ihre konkrete Vorstellungskraft, indem Sie so plastisch und konkret wie möglich vorgehen.
▶ Stellen Sie sich im Detail vor, welche Kleidung Sie dabei tragen.
▶ Sehen Sie sich bewegen, reden und handeln.

Die Vorgehensweise ist ganz einfach: Je mehr Sie sich in Gedanken mit den in Ihnen angelegten, positiven Möglichkeiten beschäftigen, desto bekannter und vertrauter sind Sie Ihnen. Auch beim NLP ist es nicht anders.

**Machen Sie eine kleine Phantasiereise und realisieren Sie in Gedanken Ihre Wunsch- und Zielvorstellung!**

## Die wichtigsten Schritte noch einmal auf einen Blick:

■ Beobachten Sie sich selbst in Situationen, die Sie nicht mögen und die Sie verändern wollen. Dabei brauchen Sie nichts anders als bisher zu machen. Sie sollen sich selbst dabei nur zusehen. Sie schulen dabei Ihre Selbstwahrnehmung.

■ Machen Sie sich ein Bild von sich selbst, wie Sie später sein wollen. Achten Sie dabei auch auf Ihre inneren Selbstgespräche und gestalten Sie diese möglichst positiv.
■ Gehen Sie öfters in dieses Bild hinein und modifizieren Sie es so lange, bis es Ihnen perfekt erscheint.

# Der Basiskurs

## Die wichtigsten NLP-Methoden in zwei Wochen erlernen

Lernen soll Spaß machen: Eine der wichtigsten Erkenntnisse der modernen pädagogischen Forschung lautet: Lernen sollte Spaß machen. Wenn Lernen Spaß macht, werden Ihre Lernergebnisse viel besser im Gedächtnis verankert. Wie das kommt? Ganz einfach: Wenn Sie in angenehmer Umgebung bei bester Laune lernen, sind Sie nicht nur leistungsfähiger, sondern Sie sorgen auch dafür, daß mehrere Sinne beim Lernen beteiligt sind. Und je mehr Sinnesorgane Sie beim Lernen beschäftigen, desto mehr Gehirnregionen helfen mit, das Gelernte zu verarbeiten.

# Der erste Tag

## Machen Sie es sich gemütlich!

Die richtige Vorbereitung der Übungen: Bevor Sie loslegen und beginnen zu üben, sollten Sie jeweils den Text des Tages zuerst ganz lesen und ihn einen Moment lang auf sich wirken lassen. Erst danach beginnen Sie mit den einzelnen Übungsschritten. Diese Vorgehensweise sollten Sie während des ganzen NLP-Trainings beibehalten.

Am ersten Tag brauchen Sie sich nur um die Umgebung zu kümmern. Sie sollten dafür Sorge tragen, daß Sie sich Ihre persönliche Lernumgebung schaffen. Eine Umgebung, die Ihnen zusagt und die dazu geeignet ist, soviel wie möglich all Ihre Sinne anzusprechen. Stellen Sie sich ein paar Fragen, die Ihnen dabei weiterhelfen können:

▶ In welcher Umgebung halten Sie sich gerne auf?
▶ Was brauchen Sie, um sich wohlzufühlen?
▶ Zu welchen Tageszeiten können Sie eine viertel bis halbe Stunde für das NLP-Basisprogramm erübrigen?
▶ Wie können Sie es schaffen, eine feste Zeit dafür einzuplanen?

Die Umgebung – der Übungsraum: Wenn Sie das Glück haben, dieses Buch im Spätsommer in die Finger zu bekommen, überlegen Sie sich, ob Sie Ihr Programm nicht im Freien absolvieren wollen. Wenn Sie aber lieber drinnen üben, weil Sie das lieber möchten, auch kein Problem! Es kommt nicht darauf an, ob Sie es drinnen oder draußen machen, sondern es geht darum, es an einem Ort zu tun, der Ihnen zusagt! Die Personen auf dem Photo auf der gegenüberliegenden Seite haben sich entschlossen, es auf ihrer Gartenterrasse mit NLP zu versuchen. Sollten Sie keine zur Verfügung haben oder ist es Ihnen draußen einfach zu laut, so suchen Sie sich ein ruhiges Plätzchen in der Wohnung.

Ungestört übt es sich am besten: Ob Sie für eine Prüfung lernen oder sich nur etwas von der harten Tagesarbeit entspannen wollen, nörgelnde Kinder und klingelnde Telefone, Krach in jeder Form stört dabei nur. Daher sollte man sich rechtzeitig Gedanken darüber machen, zu welcher Zeit und wie man es am besten sicherstellen kann, nicht gestört zu werden.

Ein kleiner Tip für Frühaufsteher und Nachtmenschen: Nutzen Sie Ihre besten Zeiten zum Erlernen und Einüben von

**Der erste Tag dient lediglich dazu, Ihre Motivation zu stärken. Mehr ist nicht nötig, denn Lernen sollte Spaß machen, vergessen Sie das nicht!**

**Ungestört übt und lernt man am besten. Finden Sie Ihre beste Zeit zum Üben!**

NLP! Frühmorgens und nachts ist es in der Wohnung am ruhigsten, und Menschen, die diese Zeiten lieben, haben einen Bio-Rhythmus, der ihnen in dieser Zeit Höchstleistungen beschert. Eine Bemerkung am Rande in eigener Sache, der Autor arbeitete an diesem Buch morgens zwischen vier und sechs. Andere sind abends um 23 Uhr fiter als andere. Die Zeit selbst spielt keine Rolle, solange es »Ihre« persönliche Best-Zeit ist.

## Welcher Typ sind Sie?

■ Überarbeitet? Sehen Sie sich in Ihrer Umgebung um. Entspricht Sie Ihnen, ist sie Ausdruck Ihrer inneren Stimmungen? Unabhängig davon können Sie bei der Gestaltung der Übungsumgebung vielleicht einen ersten Kontrapunkt zu Ihrer sonstigen Stimmung setzen. Wenn Sie zum Beispiel ein Typ sind, dessen Arbeitsplatz eher vor Arbeitsutensilien überquillt, können Sie bei der Gestaltung Ihrer Übungsumgebung darauf achten, möglichst wenig Utensilien um sich herum zu haben, die Sie an die Arbeit erinnern.

■ Ordentlich? Wenn Sie eher ein Mensch sind, der Ordnung liebt und dessen Arbeitsplatz immer wie »geleckt« aussieht, können Sie es einmal mit ein bißchen Urwaldatmosphäre versuchen, in dem Sie ein bißchen Grünzeug und Farbe mit Blumen oder ähnlichem in Ihre Übungsumgebung bringen.

**Welcher Typ sind Sie: überarbeitet, ordentlich, ängstlich, nervös oder eher vehement?**

■ Nervös? Wenn Sie eher dazu neigen, ängstlich und nervös zu sein und sich das auch in Ihrer Umgebung wiederspiegelt, sollten Sie es einmal mit einer Übungsumgebung versuchen, die ein hohes Maß an Ruhe ausstrahlt. Welche Sachen könnten Ruhe in Ihr Leben bringen? Ein bestimmtes Bild? Andere Möbelstücke? Ein einladender Stuhl oder ein Sofa?

■ Vehement? Wenn Sie aber vor Aktivität nur so sprühen, dann könnten Sie einmal überlegen, welche Umgebung Sie brauchen könnten, um etwas entspannter und ausgeglichener zu werden. Was könnte Ihre Aktivität in Ihrer Umgebung sinnvoll bremsen? Was brauchen Sie da, um entspannt zu sein?

Ihr äußeres Handeln wirkt sich aber nicht nur auf die Gestaltung Ihrer Umgebung aus, sondern auch auf Ihr »inneres Bild« von sich. Dieses innere Bild, die Vorstellung, die Sie von sich haben, ist teilweise ererbt und durch Ihre Gene bestimmt, teilweise wurde sie durch Eltern und Umgebung anerzogen und teilweise haben Sie sich selbst erzogen. Die ersten beiden Bereiche entziehen sich unserem Einfluß. Der dritte Bereich aber läßt sich weiter vervollkommnen. Welches innere Bild haben Sie von sich? Und wie möchten Sie eigentlich sein? Können Sie das bei der Gestaltung Ihrer Übungsumgebung berücksichtigen?

# Der zweite Tag

Nachdem Sie sich gestern Gedanken über Ihre Umgebung, die beste Zeit zum Üben und über Ihre inneren Bilder gemacht haben, wollen wir Ihnen heute zeigen, wie Sie mit diesen Bildern besser als bisher etwas anfangen können, um sich weiterzuentwickeln. Dazu ist es aber notwendig, zwei kleine Übungen vorzuziehen, um bessere Voraussetzungen für die weitere Durchführung des NLP-Basiskurses zu schaffen. Die beiden folgenden Übungen sind einfach durchzuführen und erhöhen Ihre Gehirnkapazität um ein Vielfaches. Sie lernen ganz nebenbei auch noch, sich besser wahrzunehmen und zu konzentrieren. Wie? Lesen Sie ruhig weiter, dann werden Sie es sehr schnell verstehen!

Die beste Haltung zum Üben: Bevor wir nun daran gehen, Sie durch bestimmte einfache Übungen, in eine neue Welt zu entführen, in der Sie nicht nur Ihr bisheriges Verhalten ändern können, sondern auch dafür sorgen können, glücklich und zufrieden zu werden, erfolgreich und leistungsbewußt oder eben gesund, wenn Sie krank sind, möchten wir Ihnen einige Voraussetzungen für diese Zustände erklären. Damit Sie eingefahrene Verhaltensmuster, die Ihnen bisher vielleicht geschadet haben, besser verstehen können, sollten Sie so entspannt wie möglich sein. Diese Entspannung bezieht sich ebenso auf die körperliche wie auch auf die geistige Haltung. Denn eines können Sie vielleicht nachvollziehen: Wenn man richtig entspannt ist, geht einem vieles leichter von der Hand. Im entspannten Zustand können Sie einfach besser lernen.

**Im Grunde genommen gibt es zwei Grundhaltungen für NLP-Übungen:**

- ■ Im Sitzen
- ■ Im Liegen

Welche dieser Haltungen Sie für Ihre Übungen bevorzugen, sollten Sie einfach ausprobieren. Aber achten Sie auch darauf, diese Übungen dienen (zunächst) nicht dazu, einzuschlafen. Wenn also bei Ihnen die Gefahr bestünde, bei der Übung zum Beispiel im Liegen so entspannt zu werden, daß Sie dabei einschlafen, sollten Sie die Sitzhaltung bevorzugen. Anders bei Personen mit Schlafstörungen. Für diesen Personenkreis ist die Liegetechnik besser geeignet.

**Damit Sie eingefahrene Verhaltensmuster, die Ihnen bisher vielleicht geschadet haben, besser verstehen können, sollten Sie so entspannt wie möglich sein**

Die Frage »Was will ich mit der Übung erreichen?« beeinflußt also auch die Auswahl der Übungshaltung. Da wir zunächst aber noch nicht schlafen wollen, sondern im Gegenteil so wach wie möglich werden möchten, beginnen wir mit der Sitzübung.

## Die beste Sitzhaltung bei NLP-Übungen

▶ Die optimale Sitzhaltung ist die sogenannte »aufrechte Kutscherhaltung«.
▶ Setzen Sie sich auf die vorderen zwei Drittel eines Stuhls mit oder ohne Rückenlehne (bzw. ohne Armlehnen).
▶ Strecken Sie Ihren Bauch etwas nach vorne, damit die Wirbelsäule leicht durchgebogen wird.
▶ Der Oberkörper bildet zu den Oberschenkeln einen rechten Winkel.
▶ Unterschenkel und Oberschenkel bilden ebenfalls fast einen rechten Winkel.
▶ Unterschenkel und Füße bilden auch beinahe einen rechten Winkel.
▶ Sie sitzen fast aufrecht zur Erdmitte und halten Ihren Körper selbst.
▶ Lehnen Sie sich nicht mit dem Rücken an die Stuhllehne.
▶ Legen Sie den vorderen Teil Ihre Unterschenkel und Ihre Hände auf Ihre Oberschenkel.
▶ Die Hände liegen separat für sich und berühren sich nicht gegenseitig.

**Die optmale Sitzhaltung ist die aufrechte Kutscherhaltung**

**Die Liegehaltung**

Legen Sie sich ausgestreckt auf eine relativ weiche Oberfläche und legen Sie Ihre Arme am Körper an den Seiten längs ausgestreckt.

Die einzige Übung, die Sie in dieser Haltung nicht so ausführen können wie im Sitzen, ist die Oberschenkelübung. An dieser Stelle winkeln Sie die Oberschenkel an, und pressen die Füße fest auf die Unterlage.

**Die beste Atemtechnik**

Wenn Sie nun bequem auf Ihrem Stuhl Platz genommen haben, werden Sie sich erst einmal ein wenig an diese ungewohnte Haltung gewöhnen müssen. Vielleicht kennen Sie diese Haltung schon aus dem Autogenen Training, dann wird es Ihnen leichter fallen. Wenn nicht, probieren Sie es erst ein paarmal aus, bevor Sie mit der Atemübung weitermachen. Rutschen Sie einfach etwas auf dem Stuhl hin und her, pendeln Sie Ihren Oberkörper und den Kopf aus, bis Sie ihn etwa im Lot haben. In dieser Stellung ist es übrigens am leichtesten. Sie müssen sich in der Lotrechten nicht anstrengen, um Ihr Körpergewicht zu halten. Nur wenn Sie aus dem Lot geraten, beginnt es anstrengend zu werden. Sollte das während der Übungen einmal passieren, kein Problem, pendeln Sie sich einfach neu aus!

So, nun sitzen Sie hoffentlich einigermaßen bequem und wir können mit der eigentlichen Atemübung beginnen. Dazu schließen Sie bitte die Augen. Das hilft Ihnen, sich nicht von Ihrer Umgebung ablenken zu lassen und fördert Ihre Körperwahrnehmung. Es erhöht so ganz nebenbei auch noch Ihre Konzentration um etwa 100 Prozent. Nicht schlecht, oder?

Im Normalfall wird Ihr Gehirn nun beginnen, Gedanken und innere Bilder zu produzieren. Diese natürliche Tätigkeit des Gehirns können wir für unsere Zwecke ausnutzen, in dem wir sie lediglich etwas umlenken, sie also zu steuern beginnen. Ein Teil Ihres Gehirns ist jetzt damit beschäftigt, alle notwendigen Körperprozesse zu steuern und zu regulieren. Es sorgt dafür, daß Herzschlag, Atmung und Kreislauf normal weiterlaufen. Später, wenn Sie in dieser Übung etwas fortgeschritten sind (das dauert gar nicht so lange, wie Sie vielleicht glauben), können Sie es erreichen, daß diese Funktionen auf Sparflamme weiterlaufen und all Ihre Organsysteme sich erholen können. Das geschieht übrigens auch im Schlaf. Allerdings möchten wir nicht, daß Sie einschlafen, sondern wir wollen erreichen, daß Sie die gleiche Entspannungswirkung wie nach einem Tiefschlaf im Wachzustand, eben ohne zu schlafen, erreichen.

**So atmen Sie während der Übungen richtig und fördern damit Ihre Entspannung und die Versorgung Ihres Gehirns mit Sauerstoff**

**Während der Entspannungsübung fährt Ihr Körper seinen Stoffwechsel herunter auf Sparflamme, und sie sparen Energie**

### Die 4-6-8-Sekunden-
### Atmungsübung

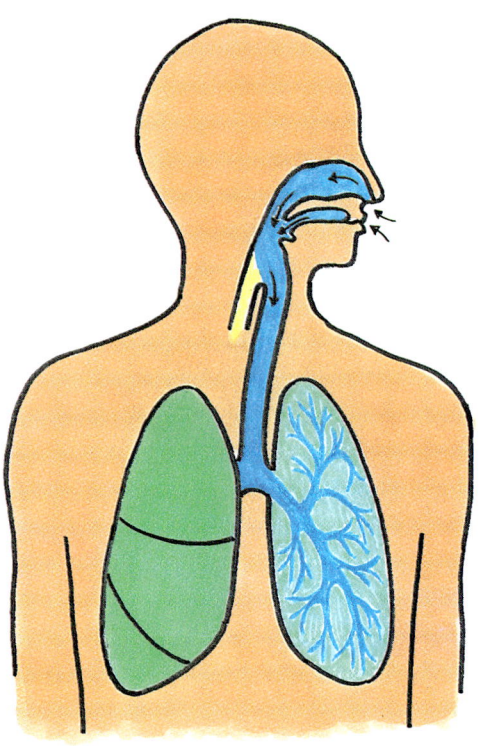

**Das Atmen
spielt eine
große Rolle
in unserem
Leben**

Wir beginnen nun langsam damit, Ihre Wahrnehmung gezielt zu steuern. Achten Sie auf Ihre Atmung. Sie brauchen nichts weiter zu tun, als Ihren Atem bei seiner Arbeit zu begleiten. Sie brauchen nichts weiter zu tun, als normal weiterzuatmen, ein und aus, und mit Ihrer Wahrnehmung in den Bereich des Mundes und der Nase zu gehen und den lebenswichtigen Sauerstoff, den Supertreibstoff unseres Lebens, bei seinem Weg durch den Körper zu begleiten. Konzentrieren Sie sich beim Einatmen auf den Eingang und die Innenseiten Ihrer Nasenflügel, folgen Sie der Luft auf Ihrem Weg in die Lungen. Atmen Sie langsam und tief in die Lunge und in Ihren Bauch ein. Und zwar so, daß sich zuerst der Brustkorb weitet, bis er gefüllt ist, und dann weiter in den Bauch, bis er herausgereckt ist. Dazu brauchen Sie etwa 4 Sekunden lang. Dann verharren Sie einen Moment und halten kurz die Luft an. Vielleicht ein, zwei oder drei bis vier oder sechs Sekunden lang.

Nun atmen Sie langsam wieder aus. Zuerst aus dem prall gefüllten Bauchbereich heraus, dann aus dem Brustkorb. Begleiten Sie die Abfallprodukte (Gase, wie Kohlendioxid $CO_2$), die bei der Verwendung des Sauerstoffs entstanden sind, auf dem Weg aus dem Körper heraus. Atmen Sie den ganzen Dreck tief aus. Dabei schließen Sie leicht Ihre Lippen, so daß Sie gegen einen leichten Widerstand der Lippen ausatmen müssen. Das verlangsamt das Ausatmen. Mann nennt das Lippenbremse. Dazu brauchen Sie etwa 8 Sekunden.

Das Atmen spielt eine große Rolle in unserem Leben. Es sorgt dafür, daß unser Körper seine Arbeit machen kann, und es sorgt auch für eine zufriedene Psyche. In diesem Bereich wird die Rolle der Atmung oftmals unterschätzt. Wenn jemand Angst hat und angespannt ist, verändert sich seine Atmung. Sie beschleunigt sich, wird aber gleichzeitig flacher. Es kann Luftnot entstehen, die ihrerseits zu einer Mangelversorgung verschiedener Organbereiche, zum Beispiel des Gehirns, führen kann. Dieser Sauerstoffmangel im Gehirn führt aber zu einer weiteren Angststeigerung. Wer nicht mehr genug Luft bekommt, gerät schnell in Panik. Diese führt zu einer weiteren Mangelversorgung des Muskelgewebes, was sich dadurch verspannt und zusammenzieht. Die Folge: Noch weniger Luft ist zur Verfügung, die Angst wird immer größer. Ausreichend Luft zur Verfügung zu haben, bedeutet auch entspannter zu sein. Das Gefühl der Entspannung durch das Atmen setzt hauptsächlich beim Ausatmen ein. Achten Sie also beim Ausatmen auch darauf, wie Sie sich dabei immer tiefer entspannen können.

Nach der 4-6-8-Sekunden-Atmungsübung atmen Sie normal weiter. Sie können sie vor jeder NLP-Übung machen, um Ihre Atmung am Anfang der Übungen besser zu kontrollieren und sich in eine entspannte Atmungshaltung zu bringen, die die folgenden Übungen begleitet.

**Wenn jemand Angst hat und angespannt ist, verändert sich seine Atmung**

## Noch einmal auf einen Blick:

▸ Kutscherhaltung einnehmen
▸ Augen schließen
▸ Konzentration auf die Atmung
▸ Vier Sekunden einatmen
▸ Sechs Sekunden Luft anhalten
▸ Acht Sekunden langsam ausatmen (mit Lippenbremse)
▸ Normal weiteratmen

# Der dritte Tag

**So können Sie Ihre Entspannung noch weiter steigern:**

1  ▶ Nehmen Sie die Kutscherhaltung ein und schließen Sie die Augen. Spannen Sie Ihre Fäuste 4 Sekunden an. Lassen Sie wieder los und spüren Sie die Entspannung in Ihren Fäusten etwa 6 Sekunden lang.

  ▶ Winkeln Sie nun Ihre Oberarme an.

2  Spüren Sie die Anspannung 4 Sekunden. Lassen Sie nun wieder los und spüren Sie die Entspannung in Ihrem Bizeps etwa 6 Sekunden lang.

  ▶ Atmen Sie tief ein und halten Sie die

3  Luft etwa 4 Sekunden an. Atmen Sie jetzt weiter und spüren Sie die Entspannung im Brustkorb etwa 6 Sekunden lang.

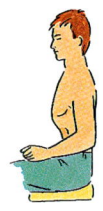

  ▶ Spannen Sie nun Ihre Oberschenkel

4  4 Sekunden lang an, indem Sie die Füße fest auf den Boden drücken. Lassen Sie jetzt wieder los und spüren Sie die Entspannung in Ihren Oberschenkeln etwa 6 Sekunden lang.

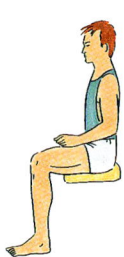

  ▶ Heben Sie Ihre Füße an und ziehen Sie

5  4 Sekunden lang die Zehen hoch. Lassen Sie nun wieder los und spüren Sie die Entspannung in Unterschenkeln und Fußspitzen. Zählen Sie nun von 5 an rückwärts bis 0 und spannen Sie noch einmal die Fäuste an und öffnen jetzt die Augen.

# Der vierte Tag

**So steigern Sie Ihre Konzentration
und schärfen Ihre Wahrnehmung
durch intensive Muskelentspannung:**

Bei der Muskelentspannung nach Jacobson steigern Sie Ihre Konzentration und Wahrnehmung Ihres Körpers und lernen dabei, auf Kommando bestimmte Muskelgruppen zu entspannen. Aber nicht nur das: Ihr Körper gewöhnt sich durch regelmäßiges Üben daran, daß Sie ihm in zwei Grundschritten jeweils sagen, er soll sich erst an- und dann entspannen. Die Verbindung wird durch jede Übung stärker in Ihrem Gehirn eingeprägt und kann später in Situationen, in denen Sie sich schnell und intensiv entspannen wollen, abgerufen werden.

Bei regelmäßiger Übung lernen Sie in etwa einer Woche (wenn Sie jeden Tag eine komplette Übung machen) ein Entspannungsverfahren, daß Sie in jeder Anspannungssituation anwenden können, um sich wieder zu entspannen. Doch auch das ist bei weitem noch nicht alles, was man mit dem Jacobson-Training machen kann: Mit Hilfe des Jacobson-Trainings versetzen Sie sich in einen leicht entspannten (Geistes-) Zustand, der es Ihnen ermöglicht, schneller und besser zu lernen. Im entspannten Zustand sind Sie in der Lage, die Übungen in diesem Kapitel und auch in den weiteren schneller und intensiver zu lernen, als Sie das bisher konnten. Wenn man entspannt ist, lernt man einfach besser. Das Gelernte prägt sich viel tiefer ein als in einem nicht entspannten Geisteszustand.

So können Sie die NLP-Übungen am besten und am schnellsten intensiv lernen und dauerhaft anwenden: Sprechen Sie die Jacobson-Texte langsam und betont auf einen Kassettenrecorder. Spielen Sie ihn jeweils vor den Übungen ab.

Wenn Sie einen kompletten Übungsablauf beendet haben, zählen Sie langsam von 5 bis 0 und spannen noch mal die Hände zur Faust und öffnen dann die Augen. Nun sind Sie frisch und entspannt und können die folgenden Übungen besser verstehen und lernen!

**Lesen Sie
den Text auf
dieser Seite
sehr genau;
hier steht alles,
was Sie über
das Jacobson-
Training
wissen müssen**

# Der fünfte Tag

**So steigern Sie Ihre Wahrnehmung und Konzentration durch Visualisierung:**

Nun sind Sie in der Lage, sich selbst in einen Zustand der kreativen Entspannung zu bringen. In dieser Übung wollen wir Ihnen helfen, diesen noch zu verbessern, den Grad und die Intensität Ihrer schon hohen Konzentration und Wahrnehmung noch einmal zu steigern. Die folgenden Übungsschritte sind einfach durchzuführen und brauchen nur ganz wenig Zeit. Für jeden einzelnen Übungsschritt sollten Sie sich etwa 3 bis 5 Minuten reservieren. Je öfters Sie diese kleinen Übungsschritte absolvieren, desto leichter wird es Ihnen später bei den fortgeschrittenen Übungen fallen, sich mit diesen erfolgreich zu beschäftigen.

Nehmen Sie in entspannter Sitzhaltung auf Ihrem Stuhl platz und lesen Sie zunächst die Übungsanleitung, dann schließen Sie die Augen und führen einmal die oben beschriebene Kurzentspannung durch. Erst danach, wenn Sie entspannt sind, sollten Sie die folgenden Übungen durchführen.

**Die erste Visualisierungsübung:** Sehen Sie sich zuerst das Bild 1 an, dann schließen Sie die Augen und stellen sich ein kleines Dreieck vor. Versuchen Sie es, vor einem leeren Hintergrund zu sehen.

*Diese Visualisierungsübungen erhöhen Ihre Aufmerksamkeit und Konzentration noch einmal um mehr als 100 Prozent!*

Entweder ist der Hintergrund schwarz und das Dreieck weiß oder der Hintergrund ist weiß und das Dreieck schwarz. Halten Sie dieses Bild etwa 20 bis 30 Sekunden fest. Es macht nichts, wenn es noch nicht ganz klar erscheint und sich bewegt oder verschwindet. Mit zunehmender Übung wird das besser werden, und Sie werden ein klares Dreieick so sehen, wie Sie es sehen möchten.

**Die zweite Visualisierungsübung:** Sehen Sie sich das Bild 2 an und schließen Sie dann die Augen. Stellen Sie sich nun einen Kreis auf einem leeren Hintergrund vor. Das Prinzip ist das gleiche, wie bei der Dreiecksübung.

**Die dritte Visualisierungsübung:** Sehen Sie sich Bild 3 an und schließen Sie dann die Augen. Stellen Sie sich nun ein Viereck vor. Das Prinzip ist das gleiche, wie bei den vorhergehenden Übungen. Versuchen Sie lediglich, das Viereck so scharf, wie in diesem Moment möglich, zu sehen.

**Die vierte Übung:** Diese Übung können Sie nur machen, wenn Sie die drei ersten Übungen erfolgreich beherrschen. Sonst die Übungen 1–3 wiederholen. Wechseln Sie zwischen verschiedenen geometrischen Formen hin und her.

**1**

**2**

**3**

**4**

# Der sechste Tag

**Ein wichtiger Tip:**

Wenn es einmal nicht so klappt, wie Sie es sich vorstellen, brauchen Sie nicht nervös zu werden, denn das ist völlig normal und gehört dazu. Es passiert jedem. Sie sollten an solchen Stellen nicht zuviel von sich fordern, das behindert nur die Entspannung und macht verkrampft. Besser ist es, dann eine kleine Pause zu machen und sich zu lockern. Durch das regelmäßige Üben wird es dann von ganz allein besser und Sie werden nach und nach mit den Ergebnissen zufrieden sein. Ehrgeiz schadet hier eher, entspannen und regelmäßig üben hilft.

**Übungen für Fortgeschrittene**

Diese Übungen sollten Sie erst beginnen, wenn Sie mit dem Ergebnis Ihrer anderen Visualisierungsübungen zufrieden sind. Wenn dies noch nicht erreicht ist, wiederholen Sie die Grundübungen mit den geometrischen Formen noch einmal.

NICHT VERGESSEN: SIE SOLLTEN SICH AUCH EINMAL LOBEN, DASS SIE ES BIS HIERHER SO GUT GESCHAFFT HABEN.

Das Prinzip ist das gleiche wie vorher: Erst entspannen, dann den Text lesen, dann das Bild ansehen und die Augen schließen, dann versuchen, sich das Bild vorzustellen.

**Bild 1 ansehen, Augen schließen, dann sich das Bild vorstellen.**

**Bild 2 ansehen, Augen schließen, dann im Geist sich das Bild vorstellen.**

**Bild 3 ansehen, Augen schließen, dann im Geist sich das Bild vorstellen.**

**Bild 4 ansehen und die Augen schließen: Stellen Sie sich nun vor, wie Sie auf eine Schultafel Ihren Namen schreiben.**

# Der siebte Tag

Steigern Sie Ihre Konzentration und Ihre Selbstwahrnehmung noch einmal, indem Sie dreidimensional und in Farbe denken und all Ihre Sinnesorgane in die Übungen miteinbeziehen:

■ Sie haben bis jetzt gelernt, sich in die richtige körperliche und geistige Haltung zu bringen, damit Ihr Geist optimal arbeiten kann. Dabei haben Sie gelernt, sich zu entspannen und regelmäßig zu atmen.

■ Sie kontrollieren Ihre Konzentration und Wahrnehmung und sind so in der Lage, verschiedene, (autonome) Körperprozesse zu steuern und positiv zu beeinflussen. Damit schaffen Sie die Grundlage für das weitere Vorgehen innerhalb des NLP-Trainings. Für knapp eine Woche ist das schon eine ganze Menge. Aber es ist bei weitem noch nicht alles. Sie sind noch zu mehr Leistung in der Lage.

■ Sie haben Ihre potentiellen Möglichkeiten erst zu einem Teil ausgeschöpft. Allerdings haben Sie sich gegenüber dem, was vorher war, schon ganz erheblich gesteigert. Die weiteren Übungen in diesem Teil zielen nun darauf ab, das Erreichte zu konsolidieren und es zu stabilisieren, damit Sie es später im Alltag und bei Belastungen schnell anwenden können.

■ Erinnern Sie sich noch an die Übung von gestern, wo Sie sich selbst gesehen haben, wie Sie in einem Klassenzimmer Ihren Namen an eine Tafel schreiben? Handelte es sich dabei um eine richtige, alte Erinnerung oder hatten Sie dieses Klassenzimmer und die Tafel für die Übung selbst neu konstruiert?

■ Im ersten Fall hätten Sie sich als Kind oder Jugendlicher in einem, früher existenten Klassenzimmer sehen müssen. Sie wären dann in einem Teil Ihres Gehirns gewesen, der die Erinnerungen an die Zeit enthält. Im zweiten Fall hätten Sie sich in einem anderen Teil Ihres Gehirns aufgehalten, der für die Phantasie zuständig ist,

und Sie hätten sich so gesehen, wie Sie heute als Erwachsener aussehen. Das Zimmer wäre konstruiert gewesen.

■ Warum ist es an dieser Stelle wichtig, zu wissen, in welchem Teil Ihres Gehirns Sie sich während der Übung befunden haben? Ihr Gehirn besteht, wie Sie ja wissen, aus mehreren Teilen. Die NLP-Übungen sind so aufgebaut, daß Sie nach und nach lernen können, alle Regionen Ihres Gehirns nicht nur besser kennenzulernen, indem Sie sie nutzen, sondern sogar über die Art und Weise, in der Sie üben, gezielt bestimmte Bereiche mit bestimmten Fähigkeiten aufzusuchen.

■ Sie lernen dabei, verschiedene Bereiche Ihres Gehirns bewußt anzusprechen und einzusetzen, wenn Sie auf eine bestimmte, leicht erlernbare Art zu denken beginnen. Dabei erweitern Sie nicht nur Ihre bewußte Wahrnehmung, sondern Sie lernen dabei auch, mehrere Gehirnregionen zum Einsatz zu bringen und Ihre Denkkapazität wesentlich zu erhöhen und zu erweitern, eine Fähigkeit, die Ihnen eine Welt in Ihrem Innern erschließt, die viel größer ist, als Sie bisher glaubten. Damit erhöhen Sie Ihre Gehirnkapazitäten noch einmal um ein Vielfaches. Sie beginnen damit, Ihr volles Potential, daß Ihnen zur Verfügung steht, wirklich zu nutzen.

**Sie lernen dreidimensional und in Farbe zu denken und dabei alle Ihre Sinne zu verwenden**

## So arbeitet Ihr Gehirn

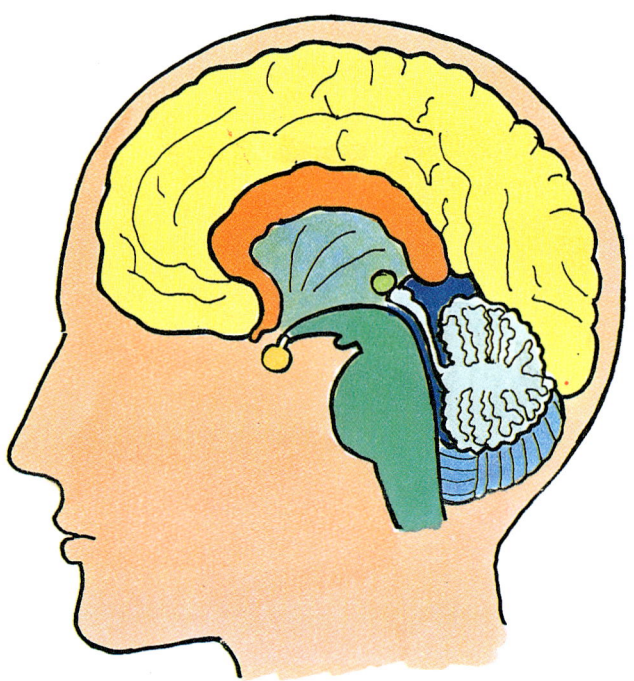

Die beiden großen Hälften Ihres Gehirns, das Großhirn oder der Neocortex genannt, sind über einen Balken, das Corpus callosum miteinander verbunden. Die Hälften, auch Hemisphären genannt, haben eigene, zum Teil sehr unterschiedliche Funktionen. So wird zum Beispiel in der linken Hälfte überwiegend logisch gedacht. In der rechten Hälfte wird eher intuitiv vorgegangen. Hier befindet sich, man könnte es vereinfacht so ausdrükken, auch der Sitz Ihrer Emotionen, Ihrer Gefühle.

Wenn Sie nun über die Übungen des NLP-Kurses Ihr Gehirn auffordern, sich ein bestimmtes Bild auf eine bestimmte Art und Weise vorzustellen, dann lösen Sie dort eine ganze Kette von Reaktionen in verschiedenen Gebieten (und in anderen Teilen) des Gehirns aus.

# Der achte Tag

Weitere Übungen, um Ihre Wahrnehmung zu erweitern:

▶ Lesen Sie kurz die Übung durch und machen Sie es sich dann in der bekannten Kutscherhaltung bequem.

▶ Nehmen Sie die Kutscherhaltung ein und führen Sie die Kurzentspannung mit der Atemübung durch. Lassen Sie die Augen geschlossen. Nehmen Sie die Entspannung nicht zurück!

**Sehen, riechen, schmecken, fühlen, hören**

■ Stellen Sie sich einen einfachen Gegenstand vor, zum Beispiel eine Apfelsine. Versuchen Sie sie dreidimensional und in Farbe zu sehen. Machen Sie diese Übung auch mit anderen Früchten. Stellen Sie sie sich kurz vor und achten Sie vor allem auf Form und Farbe.

■ Stellen Sie sich eine dieser Früchte noch einmal vor, konzentrieren sich nur kurz auf die Frucht, ihre Form und Farbe

und gehen Sie dann sehr bewußt auf eine andere Wahrnehmungsebene, Ihren Geruchssinn. Wie riecht diese Frucht? Bleiben Sie einen Moment lang beim Geruch und spüren Sie, wie die Frucht riecht.

■ Wiederholen Sie diese Übungen mit anderen Früchten und konzentrieren sich dabei auch auf den Geschmack. Wie schmeckt diese Frucht, wenn Sie ein Stück davon essen würden?

■ Wiederholen Sie eine dieser Übungen, vielleicht mit Ihrer Lieblingsfrucht und nehmen Sie sie in Gedanken in die Hand. Spüren Sie die Oberfläche der Frucht und fühlen Sie genau, wie sich diese anfühlt!

■ Stellen Sie sich noch einmal Ihre Lieblingsfrucht vor und nehmen Sie sie in die Hand. Nun achten Sie auf Ihr Gehör. Konzentrieren Sie sich darauf, wie es sich anhören würde, wenn Sie sich daranmachen würden, diese Frucht mit einem Messer zu zerschneiden und mit den Fingern zu zerdrücken.

**Alle Ihre Sinne sind beteiligt, wenn Sie die folgenden NLP-Übungen durchführen. Ihre Wahrnehmung ist um ein Vielfaches gegenüber dem Normalbewußtsein im Alltag gesteigert!**

# Der neunte Tag

Gefühle, die noch in Ihnen stecken und die Sie nach und nach verändern können:

**Gehen Sie noch einmal in Gedanken in Ihr altes Klassenzimmer hinein!**

■ Stellen Sie sich ein altes Klassenzimmer vor, in dem Sie sich früher wirklich einmal befunden hatten. Erinnern Sie sich an Einzelheiten. Wie sah der Klassenraum aus? Wo saßen Sie? Können Sie sich noch an Gesichter von Klassenkameraden oder Lehrern erinnern? Wer war Ihr bester Freund, Ihre beste Freundin? Wer war Ihr Lieblingslehrer, wer Ihre Lieblingslehrerin? Wenn Sie dieses Bild in Ihrem Gehirn gefunden haben, versuchen Sie es klar zu sehen. Vielleicht gelingt es Ihnen schon, es in Farbe (Stühle, Tafel etc.) zu sehen? Sehen Sie es dreidimensional?

■ Stellen Sie sich eine Situation vor, in der Sie sich vor einiger Zeit befunden haben und in der Sie sich gut gefühlt haben, weil Ihnen etwas gelungen war. Versuchen Sie diese Situation dreidimensional und mit möglichst vielen Sinnen zu erinnern.

■ Stellen Sie sich nun eine Situation vor, in der Sie sich vor einiger Zeit befunden haben und in der Sie sich nicht so gut gefühlt haben, weil Ihnen etwas nicht gelungen war. Versuchen Sie auch diese Situation möglichst plastisch in Ihrem Geist zu reproduzieren und sie mit möglichst vielen Sinnen zu erleben.

■ Stellen Sie sich nun noch einmal die Situation 3 vor, in der Sie sich gut gefühlt hatten. Gelingt es Ihnen schon, sich von der unangenehmen Situation zu lösen und in die positive zu wechseln?

■ Wenn nicht, wiederholen Sie die ersten Übungen mit den geometrischen Formen (Seiten 28/29), wo es auch darum ging, zwischen verschiedenen Bildern zu wechseln.

# Der zehnte Tag

Die Bestandsaufnahme der aktuellen Situation (der Jetzt-Zustand):

**So bereiten Sie sich am besten auf diese Übung vor:**

▶ Suchen Sie sich eine ruhige Ecke zum Üben.

▶ Legen Sie sich Papier und Bleistift oder Kugelschreiber zurecht.

▶ Erinnern Sie sich kurz an Ihre letzten Lernerfolge.

▶ Schreiben Sie aus dem Gedächtnis auf, was Sie in den letzten Tagen alles gelernt haben.

▶ Denken Sie plastisch an die einzelnen Übungstage und nutzen Sie Ihr bildhaftes Gedächtnis. Auf diese Weise fällt Ihnen weitaus mehr ein, als bei normalem Nachdenken.

**Vergleichen Sie Ihre Liste mit dieser Liste:**

▶ Sie haben gelernt, sich zu entspannen.

▶ Sie haben gelernt, richtig zu atmen.

▶ Sie haben gelernt, in Bildern zu denken.

▶ Sie haben Ihre Gehirnkapazität erhöht.

▶ Sie haben gelernt, mit allen Sinnen zu denken und zu fühlen.

▶ Sie können beliebig aus einem Bild ins andere wechseln.

**Nehmen Sie ein neues Blatt und schreiben auf, was eventuell noch nicht so gut klappt:**

▶ Klappt alles?

▶ Welche Übungen klappen noch nicht so gut?

▶ Lesen Sie die entsprechenden Kapitel noch einmal kurz durch und üben Sie die eine oder andere Lektion noch einmal.

**Denken Sie plastisch und nutzen Sie Ihr bildhaftes Gedächtnis!**

**Wie sieht Ihre momentane Stimmung nun aus?**

▶ Sind Sie mit sich zufrieden?

▶ Oder sind Sie unzufrieden?

▶ Wie fühlen Sie sich?

▶ Kennen Sie dieses Gefühl aus Ihrer Vergangenheit?

▶ Passiert Ihnen das öfters, daß alte Gefühle und Gedanken wieder auftauchen?

## Den Jetzt-Zustand visualisieren

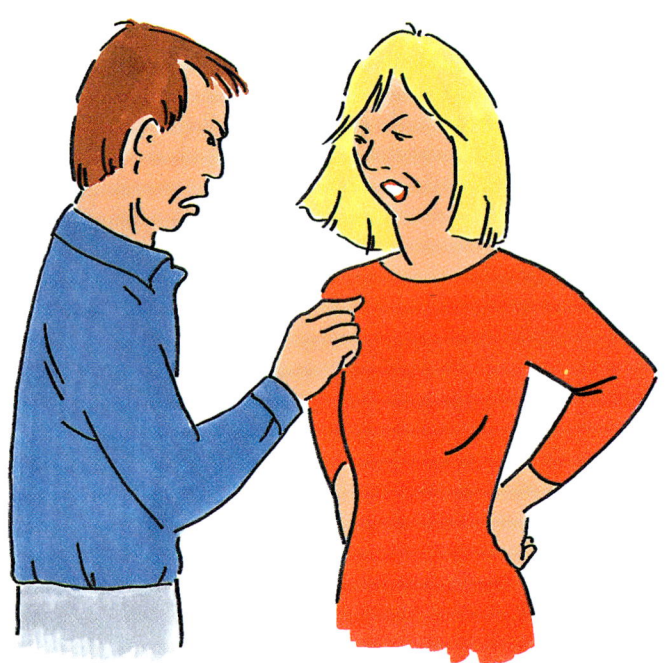

Bestimmte geistige und körperliche Haltungen sind mit bestimmten inneren Bildern verknüpft

**Das Ziel der folgenden Übungen:**

»Jede mögliche Veränderung beginnt mit der Fähigkeit zu bewußter Eigenwahrnehmung«, schreibt der bekannte NLP-Therapeut Dr. Roderich Heinze in seinem Buch »NLP – Mehr Gesundheit und Wohlbefinden«. Diese notwendige Fähigkeit zur Veränderung wollen wir nun einüben. Dabei lernen Sie besser als bisher auf Ihren Körper und seine Ausdrucksmöglichkeiten, seine Signale, zu achten. Das ist eine ganz wesentliche Voraussetzung, um später zur Vorbeugung und im akuten Krankheitsfall sich selbst mit Hilfe von NLP-Methoden zu helfen.

Bei diesen Übungen können Sie entdecken, daß bestimmte (geistige und körperliche) Haltungen mit bestimmten inneren Bildern verknüpft sind. NLP-Experten nennen das »eine kinästhetische Repräsentation«. Diese inneren Zustände beeinflussen nicht nur Ihre Handlungen, sondern auch Ihre Gefühle. Nach diesem Kapitel können Sie dann lernen, wie Sie Ihren Gefühlszustand und Ihre Handlungen verändern.

## Zwei Übungsvorschläge

**1. Die Wanderung durch den Körper:**
▶ Nehmen Sie die Kutscherhaltung ein und schließen Sie die Augen.
▶ Führen Sie zunächst eine Kurzentspannung durch.
▶ Wandern Sie nun mit Ihrer Wahrnehmung durch Ihren ganzen Körper.
▶ Versuchen Sie dabei, so viele Sinne wie möglich zu aktivieren, in dem Sie sich vorstellen, wie Sie sitzen, wo es drückt etc.
▶ Beginnen Sie mit den Händen, weiter in die Unterarme, in die Schultern, den Hals, den Kopf, die Brust, den Bauch, den Po, die Oberschenkel, die Unterschenkel, die Füße.
▶ Achten Sie dabei auch kurz auf Ihre Atmung und Ihren Herzschlag. Sehen Sie sich dieses Wunderwerk der Natur an und bekommen Sie ein Gefühl für dieses Wunder.

**2. Machen Sie sich nun ein Bild von sich, wie Sie sich im Moment sehen:**
▶ Wie sehen Sie sich selbst im Moment?
▶ Nehmen Sie ein Papier zur Hand und beschreiben Sie sich auf diesem Bild. Geben Sie sich ruhig einen Namen, nennen Sie sich der …, die …
▶ Wählen Sie ein möglichst charakteristisches Bild von sich selbst, daß auch unter anderen Umständen zutreffend wäre. Es sollte möglichst typisch für Sie sein.

## Ein kleiner Tip:

Wenn Sie die Übungen beherrschen, können Sie sich auch selbst andere Übungen ausdenken und diese durchführen. Achten Sie aber darauf, daß Sie sich an die Vorgaben der Übungsvorschläge halten.

# Die Bestandsaufnahme der gewünschten Situation (der Wunsch-Zustand)

**Sie müssen erst einmal wissen, wie Sie nicht sein wollen, um sich darüber klar werden zu können, wie Sie in Zukunft sein wollen**

Wenn Sie die Übungen bis hierher absolviert haben, werden Sie ein Phänomen an sich selbst beobachten: Sie werden feststellen, daß Sie sich immer mehr Ihres Körpers, Ihrer Wahrnehmungen bewußt werden. Das kann dazu führen, daß Sie sich wünschen, Sie möchten so nicht mehr sein, weil Sie Ihren momentanen Zustand als nicht mehr angemessen empfinden. Dieses, auf den ersten Blick unangenehme Phänomen, ist aber nötig, um sich anders zu orientieren, um sich umorientieren zu können. Sie müssen erst einmal wissen, wie Sie nicht sein wollen, um sich darüber klar werden zu können, wie Sie in Zukunft sein wollen.

# In drei Schritten zum gewünschten Zielzustand

In der nächsten Übung lernen Sie, sich zunächst von sich selbst zu distanzieren, um sich besser beobachten zu können. Sie sollen so tun, als ob Sie jemand anderen beim Handeln beobachten. Dann modellieren Sie diese Person in Ihren Handlungen so lange, bis der gewünschte Zustand erreicht ist. Dann heben Sie die künstliche Trennung wieder auf und verbinden sich wieder mit der Person. In der NLP-Sprache heißt das: Sie assoziieren sich mit dem gewünschten Zielzustand.

## 1. Schritt

Nehmen Sie die Übungshaltung ein, entspannen Sie sich mit einer Kurzentspannung, atmen Sie gleichmäßig und beginnen Sie mit der Übung. Stellen Sie sich vor, Sie würden sich selbst auf einer Kinoleinwand sehen. Sie projizieren sich selbst auf diese Leinwand und beobachten sich selbst gleichzeitig dabei. Lassen Sie diese »andere Person« nun handeln, in dem Sie sie die unerwünschten Haltungen einnehmen lassen, die Sie sich in den vorhergehenden Übungen erarbeitet haben. Versuchen Sie, das so realistisch wie möglich zu machen. Bedenken Sie aber dabei, daß sind nicht Sie, sondern es ist eine andere Person (er oder sie), die dort etwas tut, was Sie genau beobachten. Sehen Sie sich alle Einzelheiten dieser Person an: Wie

bewegt sie sich, was hat sie an, wie sieht sie aus, was empfinden Sie, wenn Sie sie anschauen? Beenden Sie nun die Übung, indem Sie von 5 an rückwärts bis 0 zählen, öffnen Sie die Augen und notieren Sie sich ein paar Feststellungen auf einem Blatt Papier.

## 2. Schritt

Nun machen Sie etwas ähnliches noch einmal. Nehmen Sie wieder die Übungshaltung ein, entspannen Sie sich und atmen Sie gleichmäßig und sehen Sie sich wieder selbst auf einer Leinwand. Allerdings taucht nun auf Ihr Kommando ein zweites Bild neben dem ersten auf. Sehen Sie sich selbst neben dem ersten Bild noch einmal in der Haltung, die Sie gerne einnehmen möchten. Sie sehen also den alten Zustand so, wie Sie nicht sein wollen, neben dem erwünschten Zielzustand, so also, wie Sie sich wünschen zu sein. Dieses zweite Bild bearbeiten Sie nun so lange, bis sich diese Person so verhält, wie Sie es sich wünschen. Verändern Sie das Aussehen und das Verhalten dieser anderen Person, des zweiten Bildes so lange, bis es in das letzte Detail Ihren Wunschvorstellungen entspricht! Wie soll diese Person aussehen? Wie soll sie sich bewegen? Was soll sie sagen? Wie soll sie sich fühlen? Achten Sie jetzt darauf, wie Sie

**In drei Schritten zum gewünschten Zielzustand:**

**1. Sie sehen sich so, wie Sie im Moment noch sind, auf einer Kinoleinwand**

**2. Sie stellen sich vor, wie Sie sein möchten**

**3. Sie springen in dieses Bild hinein und modifizieren es solange, bis Sie damit zufrieden sind**

**Boris Becker,
Steffi Graf
und Michael
Schumacher
trainieren
nach den
gleichen Men-
talprinzipien**

sich selbst fühlen, wenn Sie das Wunsch-bild betrachten. Beenden Sie auf die bekannte Art und Weise die Übung, in dem Sie rückwärts bis 0 zählen, öffnen Sie die Augen und notieren Sie sich alles, was das Wunschbild betrifft, in Stichworten. Vergleichen Sie die beiden unterschiedli-chen Bilder von sich selbst miteinander. Was fällt Ihnen dabei auf?

### 3. Schritt

Im letzten Schritt der Übung geht es nun darum, sich mit dem neuen Verhalten, mit der neuen Person, die Sie sein möch-ten, zu verbinden. Die NLP-Leute nennen das assoziieren. Nehmen Sie wieder die Übungshaltung ein und entspannen sich auf die bekannte Art und Weise. Stellen Sie sich ganz kurz wieder beide Bilder auf einer Leinwand vor. Dann springen Sie in Gedanken in das Wunschbild hinein. Schlüpfen Sie nun in die Person auf der Leinwand und heben Sie die (künstliche) Trennung auf, die Sie in den beiden vor-hergehenden Übungsschritten einge-nommen hatten. Werden Sie wieder zu einer Person, aber achten Sie darauf, sich nur mit der Wunschfigur zu vereinigen, mit ihr eins zu werden. Fangen Sie nun an, sich wie die Wunschfigur zu fühlen, ihre Empfindungen Ihre eigenen werden zu lassen. Beenden Sie diesen Übungsschritt, wenn Sie sich ausgiebig auf die Empfin-dungen der Wunschfigur eingelassen haben.

## Mental-Training: Das Kino im Kopf hilft Ihnen, die Per-son zu werden, die Sie gerne sein möchten

Bekannte Leistungssportler trainieren nach den gleichen Prinzipien:

Ob Boris Becker oder Steffi Graf im entscheidenden Spiel ein Aß schlägt oder Michael Schumacher in einer brenzligen Situation auf der Rennstrecke die Nerven behält und seinen Konkurrenten an einer gefährlichen Stelle sicher überholt und das Rennen für sich entscheidet, immer spielen mentale Methoden eine wichtige Rolle bei der Erreichung außergewöhnli-cher sportlicher Leistungen. Ob Tennis-spieler, Rennfahrer, Skiläufer, Bobfahrer, Fußballer oder Segler, sie alle trainieren das Gewinnen schon lange vor dem Wett-kampf im Kopf. Sie lassen einen Film in ihrem Geist ablaufen, indem sie sich selbst beim Gewinnen zusehen und sich als Gewinner fühlen. Das Geheimnis ihrer Erfolge ist das Erlernen der Prinzipien des Gewinnens. Das Erlernen der Verhaltens-abläufe, die dazu führen, daß man alles »richtig« macht. Aber nicht nur die äuße-ren Abläufe sind entscheidend, sondern auch das innere Gefühl zu diesen Hand-lungen. Man kann sich nur erfolgreich verändern, wenn man sich erfolgreich fühlt!

**Die Prizipien auf einen Blick**

▶ Entspannen

▶ Visualisieren

▶ Empfinden

▶ Verändern

▶ Üben

▶ Automatisieren

Erst, wenn die Handlungsabläufe sozusagen ins Blut übergegangen sind, wenn sie hundertmal eingeübt worden sind, werden sie zu einem Automatismus und müssen nicht mehr bewußt eingesetzt werden, sondern werden nach einem Programm automatisch abgespult. Sie kennen das auch, denn Sie haben es zumindest schon einmal erfolgreich angewandt, nämlich als Sie Autofahren lernten. Wie mühsam war das zu Beginn, als Sie sich noch jeden Griff dreimal überlegen mußte, als Sie noch dachten, wenn ich jetzt etwas vergesse, was passiert dann? Und nach einigen hundert Kilometern mußten Sie nicht mehr darüber nachdenken, wann Sie Gas geben, wann Sie kuppeln und wann Sie schalten mußten. Die Handlungsweisen waren Ihnen ins Blut übergegangen. Sie liefen unbewußt und automatisch ab. Genauso funktioniert auch NLP.

# Die Übungsabläufe auf einem Blick

1 Nehmen Sie Ihre Übungshaltung ein

2 Entspannen Sie sich

3 Atmen Sie gleichmäßig und tief

4 Visualisieren Sie den Ist-Zustand

5 Empfinden Sie ihn

6 Trennen Sie sich von ihm

7 Visualisieren Sie ein Wunschzustand

8 Empfinden Sie ihn

9 Trennen Sie sich von ihm

10 Stellen Sie sich auf einer Kinoleinwand beide Zustände vor

11 Springen Sie in den Wunschzustand hinein

12 Modifizieren Sie ihn so lange, bis er perfekt ist

13 Empfinden Sie ihn

14 Beenden Sie die Übung und machen Sie sich Notizen

# Der elfte Tag

## So können Sie Ihre Wunsch-
## ziele erreichen

**Jede Reise
beginnt mit
dem ersten
Schritt, aber
ohne Zielpla-
nung kommen
Sie nirgends an**

## Reisevorbereitungen

»Jede Reise beginnt mit dem ersten Schritt« lautet ein bekannter Spruch. Aber nur die wenigsten wissen, daß dieser erste Schritt nicht in der Praxis durchgeführt wird, sondern in Gedanken. Der erste Schritt auf einer Reise besteht in der richtigen Reisevorbereitung. Bei Ihrer weiteren Reise in Ihr Selbst, zum riesigen Potential Ihres Geistes, das Ihnen noch ungeahnte Möglichkeiten bereit hält, besteht der erste Schritt in der Planung dieser Reise, in der Zielfindung. Wer würde schon, ohne zu wissen, wo er eigentlich hin will, auf eine Weltreise gehen?

# So finden Sie am einfachsten Ihre Ziele heraus

Männer wollen im Beruf vorankommen und Frauen wollen eine befriedigende Partnerbeziehung haben. Bei den folgenden Zielen handelt es sich daher um eine neutrale Zieleliste, aus der Sie sich, je nach Geschlecht, Ihre Zielbereiche selbst heraussuchen sollten.

Das sind die Zielbereiche:

▶ Beruf
▶ Partnerschaft
▶ Freizeit
▶ Gesundheit

# So können Sie Ihre beruflichen Ziele entdecken

Erinnern Sie sich noch an die Übungsabläufe? Auch die folgenden Übungen, mit denen Sie Ihre persönlichen Ziele besser und vor allem wirkungsvoller herausarbeiten können, funktionieren nach den gleichen NLP-Methoden, wie die, die Sie schon kennengelernt haben. Als erstes versuchen Sie sich wieder ein Bild von sich im Moment zu machen.

## 1. Übung

■ Nehmen Sie Ihre Übungshaltung ein und führen Sie ein Kurzentspannungstraining durch. Dann stellen Sie sich vor, wie Ihre berufliche Situation im Moment aussieht. Sehen Sie sich in Gedanken und entwickeln Sie ein typisches Bild von sich. Wie verhalten Sie sich? Wie fühlen Sie sich?

■ Beenden Sie die Übung, indem Sie von 5 bis 0 rückwärts zählen und öffnen Sie die Augen. Notieren Sie sich einiges von dem, was Sie sich zu Ihrer bisherigen beruflichen Situation gedacht haben und wie Sie sich dabei fühlten. Schreiben Sie sich dazu ein paar Stichwörter unter der Überschrift »Berufliche momentane Situation« auf.

## 2. Übung

■ Nehmen Sie Ihre Übungshaltung ein und führen Sie ein Kurzentspannungstraining durch. Dann stellen Sie sich vor, wie Sie in Zukunft im Beruf sein möchten, was Sie beruflich erreichen wollen. Sehen Sie sich in Gedanken schon so, wie Sie sein wollen. Machen Sie ein Wunschbild von sich. Wie verhalten Sie sich? Wie wollen Sie sein?

■ Beenden Sie die Übung, in dem Sie von 5 bis 0 rückwärts zählen und öffnen Sie die Augen. Notieren Sie sich einiges von dem, was Sie sich zu Ihrer zukünftigen beruflichen Situation gedacht haben und wie Sie sich dabei fühlten. Schreiben Sie sich dazu ein paar Stichwörter unter der Überschrift »Berufliche Wunschsituation« auf.

**Männer und Frauen setzen bei ihren Zielen ganz unterschiedliche Prioritäten: bei den Männern steht die Berufstätigkeit an erster Stellen, bei den Frauen die Partnerbeziehung**

## So können Sie Ihre partnerschaftlichen Ziele entdecken

**So finden Sie Ihre Ziele in der Partnerschaft**

**1. Übung**

■ Nehmen Sie Ihre Übungshaltung ein und führen Sie ein Kurzentspannungstraining durch. Dann stellen Sie sich vor, wie Ihre partnerschaftliche Situation im Moment aussieht. Sehen Sie sich in Gedanken und entwickeln Sie ein typisches Bild von sich innerhalb Ihrer Partnerschaft. Wie verhalten Sie sich? Wie fühlen Sie sich?

■ Beenden Sie die Übung, indem Sie von 5 bis 0 rückwärts zählen und öffnen Sie die Augen. Notieren Sie sich einiges von dem, was Sie sich zu Ihrer bisherigen partnerschaftlichen Situation gedacht haben und wie Sie sich dabei fühlten. Schreiben Sie sich dazu ein paar Stichwörter auf.

**2. Übung**

■ Nehmen Sie Ihre Übungshaltung ein und führen Sie ein Kurzentspannungstraining durch. Dann stellen Sie sich vor, wie Sie in Zukunft in der Partnerschaft sein möchten, was Sie partnerschaftlich erreichen wollen. Sehen Sie sich in Gedanken so, wie Sie sein wollen. Machen Sie ein Wunschbild. Wie verhalten Sie sich?

■ Beenden Sie die Übung, in dem Sie von 5 bis 0 rückwärts zählen und öffnen Sie die Augen. Notieren Sie sich einiges von dem, was Sie sich zu Ihrer zukünftigen partnerschaftlichen Situation gedacht haben und wie Sie sich dabei fühlten. Schreiben Sie sich dazu ein paar Stichwörter auf.

## So können Sie Ihre Freizeitziele entdecken

### 1. Übung

■ Nehmen Sie Ihre Übungshaltung ein und führen Sie ein Kurzentspannungstraining durch. Dann stellen Sie sich vor, wie Ihre Freizeitsituation im Moment aussieht. Sehen Sie sich in Gedanken und entwickeln Sie ein typisches Bild von sich. Wie verhalten Sie sich? Wie fühlen Sie sich?

■ Beenden Sie die Übung, indem Sie von 5 bis 0 rückwärts zählen und öffnen Sie die Augen. Notieren Sie sich einiges von dem, was Sie sich zu Ihrer bisherigen Freizeitsituation gedacht haben und wie Sie sich dabei fühlten. Schreiben Sie sich dazu ein paar Stichwörter unter der Überschrift »Momentane Freizeitsituation« auf.

### 2. Übung

■ Nehmen Sie Ihre Übungshaltung ein und führen Sie ein Kurzentspannungstraining durch. Dann stellen Sie sich vor, wie Sie in Zukunft in der Freizeit sein möchten, was Sie freizeitmäßig erreichen wollen. Sehen Sie sich in Gedanken schon so, wie Sie sein wollen. Machen Sie ein Wunschbild von sich. Wie verhalten Sie sich? Wie wollen Sie sein?

■ Beenden Sie die Übung, in dem Sie von 5 bis 0 rückwärts zählen und öffnen Sie die Augen. Notieren Sie sich einiges von dem, was Sie sich zu Ihrer zukünftigen Freizeitsituation gedacht haben und wie Sie sich dabei fühlten. Schreiben Sie sich dazu ein paar Stichwörter unter der Überschrift »Freizeitwünsche« auf.

**So finden Sie Ihre Ziele in der Freizeit**

## So können Sie Ihre Gesundheitsziele entdecken

### 1. Übung

■ Nehmen Sie Ihre Übungshaltung ein und führen Sie ein Kurzentspannungstraining durch. Dann stellen Sie sich vor, wie Ihre gesundheitliche Situation im Moment aussieht. Sehen Sie sich in Gedanken und entwickeln Sie ein typisches Bild von sich. Wie verhalten Sie sich? Wie fühlen Sie sich?

■ Beenden Sie die Übung, indem Sie von 5 bis 0 rückwärts zählen und öffnen Sie die Augen. Notieren Sie sich einiges von dem, was Sie sich zu Ihrer bisherigen gesundheitlichen Situation gedacht haben und wie Sie sich dabei fühlten. Schreiben Sie sich dazu ein paar Stichwörter unter der Überschrift »Momentane gesundheitliche Situation« auf.

### 2. Übung

■ Nehmen Sie Ihre Übungshaltung ein und führen Sie ein Kurzentspannungstraining durch. Dann stellen Sie sich vor, wie Sie in Zukunft im Bereich Gesundheit sein möchten, was Sie gesundheitlich erreichen wollen. Sehen Sie sich in Gedanken schon so, wie Sie sein wollen. Machen Sie ein typisches Bild von sich. Wie verhalten Sie sich? Wie wollen Sie sein?

■ Beenden Sie die Übung, indem Sie von 5 bis 0 rückwärts zählen und öffnen Sie die Augen. Notieren Sie sich einiges von dem, was Sie sich zu Ihrer zukünftigen gesundheitlichen Situation gedacht haben und wie Sie sich dabei fühlten. Schreiben Sie sich dazu ein paar Stichwörter unter der Überschrift »Gesundheitliche Wunschsituation« auf.

## Ein paar weitere Profitricks, um sich zu motivieren

■ Suchen Sie sich ein attraktives Ziel:

Wenn Sie den NLP-Übungen bis hierher gefolgt sind, haben Sie schon eine ganze Menge gelernt. Nicht nur, daß Sie inzwischen schon fast wie ein Profi an Ihrer Zielgestaltung arbeiten, sondern Sie haben auch ganz wesentliche Dinge über das Lernen im Allgemeinen gelernt, das Ihnen in vielen anderen Bereichen, zum Beispiel auch im Beruf, weiterhelfen kann. Sie werden das noch ganz konkret merken. Diese positive Entwicklung, die Sie jetzt vielleicht auch schon an sich selbst und an Ihrer Art mit bestimmten Problemen umzugehen, bemerkt haben, kann man mit ein paar einfachen Tricks noch etwas steigern. Einer der wichtigsten Mentaltricks kommt aus der Werbepsychologie. Die dort tätigen Psychologen haben herausgefunden, daß man Menschen leichter motivieren kann, ein bestimmtes Produkt zu kaufen, wenn man

**So finden Sie Ihre Gesundheitsziele**

das Produkt für die Zielgruppe attraktiv genug macht. Das heißt: In vielen Produktwerbungen wird diese Methode angewandt. Sehen Sie sich einmal Werbespots darauf hin an. Zum Beispiel bei Margarine: Dort wird meistens eine glückliche Familie beim Frühstück gezeigt. Oder in der Bier-Werbung: Dort wird Ihnen ein schönes, grünes Segelschiff vor aufregender Kulisse gezeigt. Ob man nun Glück oder Freiheit in der Werbung symbolisiert, immer versucht man die Sache so attraktiv wie nur möglich für die Zielgruppe zu gestalten. Sie sind Ihre eigene Zielgruppe. Versuchen Sie ebenfalls diese Mechanismen für sich selbst zu nutzen, indem Sie Ihr Ziel möglichst attraktiv gestalten. Je attraktiver das Ziel für Sie ist, desto mehr werden Sie auch (unbewußt) danach streben.

### ■ Bildhaft, plastisch, emotional und kreativ arbeiten:

Vielleicht sehen Sie sich einmal ein paar gut gemachte Werbeanzeigen oder Spots im Fernsehen an. Nicht, damit Sie das Produkt kaufen, sondern, um zu sehen, wie diese Leute das machen. Suchen Sie sich dabei Motive heraus, die Ihnen gefallen und von denen Sie glauben, daß sie gut gemacht sind. Am einfachsten ist

das mit der Werbung in Zeitschriften, weil man diese ausschneiden und sammeln kann. Legen Sie sich eine Mappe mit guten Werbemotiven an und analysieren Sie diese. Dabei kommen Sie vielleicht auf Ideen, wie Sie eines Ihrer Ziele als Bild, als bildhafte Vorstellung in Ihrem Kopf, in Ihrer Phantasie installieren können.

Im folgenden finden Sie im Abschnitt »Ein Fallbeispiel aus der Praxis« (auf Seite 48) dafür ein konkretes Beispiel, wie nämlich die Sekretärin Hanna diese Methode sehr erfolgreich für sich und ihre Ziele nutzte. Suchen Sie sich ein Bild Ihrer Ziele, das es Ihnen ermöglicht, bildhaft, plastisch und emotional mit dem Ziel umzugehen.

### ■ Konkretisieren Sie Ihre Ziele:

Wenn Sie zum Beispiel mehr Geld verdienen wollen oder etwas in Ihrer Partnerschaft erreichen wollen, nützt es nur wenig, es so unbestimmt zu formulieren. Sie sollten an dieser Stelle versuchen, Ihre Ziele viel genauer, viel präziser und damit auch erreichbarer zu formulieren.

Auch hierzu können Sie gleich einiges im nächsten Abschnitt nachlesen. Die Sekretärin Hanna zeigt Ihnen dort, wie man mit diesen einfachen Methoden seine Ziele schlagkräftiger machen kann.

**Ob man nun Glück oder Freiheit in der Werbung symbolisiert, immer versucht man die Sache so attraktiv wie nur möglich für die Zielgruppe zu gestalten – Sie sind Ihre eigene Zielgruppe**

# Ein Fallbeispiel aus der Praxis

## Hanna und das Haus

Hanna, 34 Jahre alt und verheiratet, wünschte sich nichts sehnlicher als ein Haus im Grünen. Ihr Mann Hartmut arbeitete als Vermessungsingenieur bei einer großen Behörde. Die beiden wollten keine Kinder. Aber sie träumten von einem Haus im Grünen. Kein Wunder, wohnten sie doch mitten in einer Großstadt zwischen riesigen Hochhäusern und Einkaufsstraßen, zwischen parkenden Autos und Auspuffgasen. Hanna machte einen NLP-Kurs. Während des Seminars äußerte sie sich zu ihrem Traum. Sie erzählte den anderen Teilnehmern, wie sehr sie die

Stadt verabscheue und wie sehr sie sich ein kleines Haus im Grünen wünsche.

Mit Hilfe einiger NLP-Techniken, die Sie auch schon kennengelernt haben, arbeitete Hanna an diesem Ziel. Sie stellte sich vor, wie sie in der Stadt zwischen parkenden Autos mit einer Einkaufstasche umherlief zwischen den Auspuffgasen kaum Luft bekam. Dann produzierte sie ein Bild, wie sie auf dem Land aus ihrem Haus tritt und kräftig durchatmen kann. An diesen beiden Bildern arbeitete sie weiter im Seminar.

Sie gestaltete ihre aktuelle Situation sehr plastisch und emotional abstoßend. Das erträumte Haus wurde ebenso plastisch gestaltet, auch die Umgebung des gewünschten Hauses. Es sollte in einem Waldstück liegen. Im Verlauf des Seminars sammelte Hanna ein paar Reklamebilder von Häusern, die ihr sehr gefielen. Darüber hinaus malte sie sich ein Haus so, wie sie es sich wünschte. Beides legte sie in einer Mappe ab und betrachtete es immer wieder. Während sie es betrachtete, ging sie in Gedanken in dieses Haus und lebte darin. Sie fühlte sich in diesem Haus geborgen. In weiteren Übungen sah sich Hanna beim Zeichnen der Grundrisse des Hauses, beim Gespräch mit einem Bankier wegen der Finanzierung, beim Gespräch mit dem Architekten auf dem Bauplatz (im Grünen) usw. In ihrer Phantasie nahm das Haus immer mehr Gestalt

an. Es wuchs und wurde immer konkreter. Auch der Wunsch nahm auf diese Weise sehr konkrete Formen an. Während der Arbeit an diesem Manuskript bekam ich eine Einladung zur Einweihung ihres Hauses. Es lag ein Photo bei, das ein Haus im Grünen zeigt. Hanna hatte es also geschafft! Ihr Traum war Wirklichkeit geworden.

## Das Geheimnis erfolgreicher Zielfindung:

■ Machen Sie sich ein Bild von Ihrem momentanen Zustand.

■ Sehen Sie sich wie auf einer Kinoleinwand. Treten Sie aus dem Bild heraus und beobachten Sie sich beim Handeln.

■ Machen Sie sich ein Bild von Ihrem gewünschten Zustand.

■ Springen Sie in das Bild hinein und verändern Sie es so lange, bis es Ihren Vorstellungen perfekt entspricht. Dabei spielt es keine Rolle, ob das realistisch ist. Die Realität kommt erst später. Hier zählt zunächst nur Ihre Phantasie.

■ Üben Sie mehrfach die letzte Übung. Wiederholung schärft die Konzentration und erleichtert das Lernen. Außerdem steigert sie Ihren Wunsch.

■ Jeder Wunsch beginnt im Bewußtsein und wird durch Übung und Vorstellung ins Unterbewußtsein verschoben. Dort entfaltet er sozusagen im Hintergrund seine volle Kraft und bringt Sie ans Ziel.

**Mit Hilfe der NLP-Methoden kann man lernen, sich seine Ziele so vorzustellen, daß sie zu verwirklichen sind; die NLP-Techniken aktivieren sowohl das Bewußtsein als auch das Unterbewußtsein**

49

# Der zwölfte Tag

## Formulieren Sie Ihr Wunschziel möglichst konkret

Ob Sie sich, wie Hanna im Fallbeispiel, ein Haus oder ein anderes materielles Ziel wünschen oder etwas immaterielles wie eine zufriedenstellende Partnerbeziehung oder einen bestimmten Gesundheitszustand, spielt bei der Formulierung der Ziele weniger eine Rolle. Zwar sind materielle Ziele viel leichter zu verwirklichen als immaterielle, aber die Formulierung dieser Ziele sollte immer so konkret wie möglich erfolgen.

Auf den nächsten Seiten finden Sie verschiedene konkrete Zielformulierungen, die außerdem noch eine weitere, eine besondere sprachliche Eigenheit aufweisen.

## So können Sie Ihre Ziele am besten formulieren:

■ Führen Sie, wie auf Seite 42 ff. beschrieben, Ihre Zieleübung zum gewünschten Bereich (Arbeit, Beruf, Partnerschaft etc.) durch

■ Nehmen Sie Papier und Bleistift zur Hand und datieren Sie ein weißes linienloses Blatt Papier. Schreiben Sie als Überschrift »Mein erstes Ziel« darüber.

■ Formulieren Sie dieses Ziel zunächst in einem einfachen Satz, etwa so: »Ich hätte gerne ein Haus!«

■ Schließen Sie kurz die Augen und stellen Sie sich noch einmal Ihr Wunschziel vor Ihrem geisten Auge vor. Wie sieht es genau aus?

■ Beschreiben Sie das Aussehen Ihres Hauses (oder eines anderen Wunsches) möglichst konkret in Stichwörtern. Formulieren Sie dann Ihr Ziel noch einmal neu, etwa so: »Ich wünsche mir ein Einfamilienhaus mit 6 Zimmern im Grünen!«

■ Nun schreiben Sie das Ziel noch einmal so auf, als ob Sie das Haus oder irgendein anderes Ziel schon besitzen würden, zum Beispiel so: »Ich besitze ein Eigenheim mit 6 Zimmern mitten im Wald!«
Wichtig dabei ist: Formulieren Sie Ihr Ziel im Präsens (in der Gegenwartsform) und versuchen Sie so viele Details wie möglich konkret zu beschreiben.

# Der dreizehnte Tag

**So wechseln
Sie zwischen
Ihren Gefühls-
zuständen
hin und her**

»Changing« – oder so wechseln Sie zwischen Ihren Gefühlszuständen hin und her: Die folgende Übung soll Ihnen besser als bisher gestatten, sich selbst zwi- schen verschiedenen, eventuell sehr unterschiedlichen Gefühlszuständen hin und her zu bewegen. Dieses ist nicht nur bei den bisherigen Übungen schon angedeutet und wichtig, sondern spielt auch bei den späteren, fortgeschrittenen Übungen, vor allem im Gesundheitsbereich, eine entscheidende Rolle. Das Ziel dieser Übung ist es, sich auf das eigene Kommando hin aus einer beliebigen Situation herauszubegeben und in die Rolle des Wunschzustandes zu schlüpfen.

■ Nehmen Sie Ihre Unterlagen, die Sie über Ihre Ziele angelegt haben, zur Hand und suchen Sie ein Ziel heraus, nicht gleich das schwierigste. Suchen Sie sich eines aus, das Ihnen momentan etwas leichter erscheint.

■ Schreiben Sie auf ein weißes Blatt Papier das aktuelle Datum des Tages. Dieses symbolisiert Ihre Ausgangssituation im Moment. Auf ein zweites Blatt Papier schreiben Sie Ihr Wunschziel in einem Wort. Das erste Blatt legen Sie an eine Stelle auf dem Fußboden, wo Sie etwas Platz haben, das zweite etwa einen Meter daneben. Das erste Blatt nennen wir der Einfachheit halber »Platz 1«, das zweite »Platz 2«.

■ Stellen Sie sich nun auf oder neben »Platz 1« und stellen Sie sich vor, wie es im Moment bei Ihnen (in bezug auf das Wunschziel) aussieht. Fühlen Sie Ihren ganzen Körper, Ihre ganze Haltung. Überlegen Sie genau, wie sich Ihre momentane Situation auswirkt.

**Wie fühlen Sie sich?**

■ Sehen Sie nun zu »Platz 2« hinüber und stellen Sie sich dort folgendes vor. Können Sie sich dort sehen? Sehen Sie sich auch in der erfolgreichen Situation, so als ob Sie Ihr Ziel schon erreicht haben?

■ Modellieren Sie eine Skulptur von dieser Figur. Formen Sie sie mit den Händen nach. Wie fühlt sich das an? Lassen Sie Ihre Hände über diese Skulptur gleiten. Springen Sie nun mit einem großen Schritt auf Blatt 2 oder direkt daneben. Stellen Sie sich vor, wie Sie mit dieser Wunschfigur eins werden. Stellen Sie sich weiterhin vor, wie diese Wunschfigur zu handeln beginnt, um ihr Ziel zu erreichen. Was tut sie? Wie fühlt sie sich dabei?

■ Beginnen Sie sich nun Fragen zu stellen: Wann werde ich mein Ziel erreicht haben? Was muß ich noch dafür tun? Schreiben Sie sich die Antworten auf diese Fragen auf. Gehen Sie dabei möglichst genau vor und sehen Sie sich immer wieder die Wunschfigur dabei an. Das bildhafte Denken wird Ihre Phantasie anregen und alle Gehirnareale mobilisieren. Die entsprechenden Gefühle tun das ihre und regen weiterführende Gedanken an. Wenn Ihnen nichts mehr einfällt, beenden Sie diese Übung mit einem Zählen von 5 bis 0.

**Das Ziel dieser Übung ist es, sich auf das eigene Kommando hin aus einer beliebigen Situation herauszubegeben und in die Rolle des Wunschzustandes zu schlüpfen**

# Der vierzehnte Tag

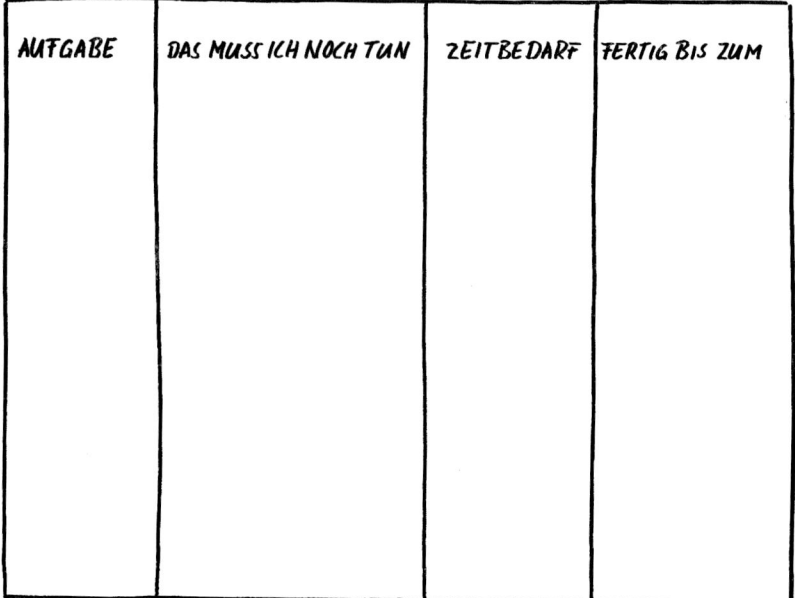

**Legen Sie einen Aktionsplan an!**

| AUFGABE | DAS MUSS ICH NOCH TUN | ZEITBEDARF | FERTIG BIS ZUM |
|---------|----------------------|-----------|----------------|
|         |                      |           |                |

## Das Anfertigen eines Aktionsplans

So sieht ein Aktionsplan aus. Auf der linken Seite des Blattes eine Spalte mit der Überschrift »Aufgabe«, in der nächsten Spalte »Das muß ich noch tun«, in der nächsten Spalte »Zeitbedarf«, in der nächsten Spalte »Fertig bis zum«.

Die Überschriften fett oder unterstrichen und 4 Spalten, die erste schmal, die zweite breiter, die dritte schmal, die vierte schmal! In der nächsten Übung sollten Sie sich einen Aktionsplan anfertigen, so wie er oben dargestellt ist. Dieser Aktionsplan soll gewährleisten, daß Sie keine Details aus Ihren Übungen vergessen.

Jedesmal, wenn Sie sich mit einem neuen Ziel beschäftigen, legen Sie sich einen neuen Aktionsplan an. Heften Sie diese Aktionspläne in Ihrem Zieleordner sorfältig ab.

Jedesmal, wenn Sie eine weitere Übung zu diesem Ziel machen, ergänzen Sie Ihre Einträge.

## Machen Sie regelmäßig Ihre Eintragungen in den Aktionsplan

Jedesmal, wenn Sie eine weitere Übung zu Ihrem Ziel ausgeführt haben und dabei zu neuen Erkenntnissen (entweder über sich selbst oder über Ihr Ziel) gekommen sind, sollten Sie nach der Übung Ihren Aktionsplan vervollständigen. Im Laufe der Zeit werden Sie auf diese Weise feststellen, Sie finden alles heraus, was Sie zur Verwirklichung Ihres Zieles tun können. Durch das Aufschreiben verhindern Sie außerdem, daß Sie es vergessen. Aber nicht nur das: Sie prägen es sich unauslöschlich in Ihr Unterbewußtsein ein, und dort wird es für Sie arbeiten, auch dann, wenn Sie schlafen, denn Ihr Unterbewußtsein ist auch nachts aktiv. Sie können diese Nachtaktivität sogar beeinflußen. Wie, das lesen Sie im nächsten Abschnitt.

## Das Unterbewußtsein ist auch nachts im Schlaf aktiv und arbeitet für Sie

Viele Menschen wissen, daß ihr Gehirn auch nachts nicht schläft. Manchmal merken wir das, indem wir uns am Morgen an einen Traum erinnern. Aber die Tätigkeit des Gehirns im Schlaf beschränkt sich nicht nur auf das Träumen, sondern es bewirkt noch viel mehr. Die neuesten wissenschaftlichen Untersuchungen zum Schlafverhalten des Menschen haben ergeben, daß viele Bereiche des Gehirns auch nachts sehr aktiv sind.

Untersuchungen aus Schlaflabors haben gezeigt, daß fast alle Gehirnregionen auch nachts eine rege Aktivität entfalten. Einige Wissenschaftler, die sich mit der Funktion der Aktivitäten des Gehirns befassen, behaupten gar, diese würden dazu dienen, das am Tage Erlebte zu verarbeiten. Eine ähnliche Funktion hat ihrer Meinung nach auch das Träumen. Es soll dazu dienen, das Erlebte noch einmal »durchzuchecken« und neu zu ordnen. Das kann zu seltsamen Ergebnissen führen, wie das nächste Beispiel aus meiner Praxis zeigt.

**Tragen Sie Ihre neuen Ideen zu Ihren Zielen regelmäßig in Ihren Aktionsplan ein. Dann vergessen Sie nichts!**

**Ihr Gehirn arbeitet auch im Schlaf für Sie und Ihre Pläne**

55

# Ein Beispiel aus meiner Praxis

## Im Schlaf kam die rettende Idee

Erinnern Sie sich noch an Hanna, die Sekretärin aus dem letzten Fallbeispiel von Seite 48? Hanna wünschte sich ein Haus im Grünen. Während des Seminars beschäftigte Sie sich mit dem Plan. Natürlich auch am Abend, kurz bevor sie schlafen ging. Da passierte etwas Merkwürdiges: Hanna war am Abend wie immer ins Bett gegangen und hatte sich vor dem Einschlafen noch einmal mit Ihrem Aktionsplan befaßt. Sie überlegte krampfhaft, wie sie die Finanzierung ihres Hauses gestalten sollte. Aber sie kam einfach nicht darauf. Bei diesen Überlegungen schlief sie mit dem Aktionsplan in der Hand ein. Am nächsten Morgen wachte sie erfrischt auf und erinnerte sich sofort wieder an das Problem vom Abend vorher. Aber im Gegensatz zum Abend machte sie das Problem nicht mehr nervös, sondern sie spürte im Gegenteil ein seltsames Gefühl. »Es war nicht mehr bedrohlich. Ich hatte das Gefühl, mein Problem hätte sich gelöst!«, sagte Hanna zu mir. »Als ich in den Frühstücksraum ging, hatte ich den Namen eines Bekannten im Kopf, und ich sah sein Gesicht ständig vor mir.« In der ersten Seminareinheit sprach Hanna dieses Erlebnis an. Ich riet ihr, sich einmal intensiver mit dem Bekannten zu beschäftigen, um herauszufinden, was es mit diesem Phänomen auf sich hätte. Wir vereinbarten, daß sie diesen Bekannten doch einmal anrufen sollte, um herauszufinden, was er eigentlich beruflich machen würde.

Nach dem Anruf war klar, weshalb Hanna am Morgen dieser Mann eingefallen war, nachdem sie sich abends mit der Finanzierung ihres Hauses beschäftigt hatte: Der Mann war Finanzierungsberater und hatte ein neues Finanzierungskonzept entwickelt, mit dem man ohne viel Geld ein Haus bauen konnte. Hanna vereinbarte mit ihm einen Gesprächstermin in der nächsten Woche. Der Mann erstellte Hanna später einen Finanzierungsplan nach seinem neuen Modell, und heute hat Hanna längst ihr Haus im Grünen. »Der Finanzierungsplan war toll! Es hat auf den Pfennig genau geklappt«, erzählte mir Hanna später.

Im Schlaf hatte Hanna die rettende Idee

# So können auch Sie Ihr Gehirn anregen, im Schlaf für Sie aktiv an Ihren Zielen zu arbeiten

■ Lesen Sie abends im Bett in Ihren schriftlichen Zieleunterlagen. Legen Sie sie öfters an die Seite und schließen Sie die Augen, um in Bildern weiter an Ihre Ziele zu denken. Dabei sollten Sie sich wie in den Übungen selbst beim Handeln zusehen. Das nennen wir: das Kino im Kopf. Wenn Sie merken, wie Sie müde werden, formulieren Sie noch schnell ein Problem, eine Fragestellung und sagen Sie sich: »Das kann mein Unterbewußtsein für mich im Schlaf lösen. Ich habe jetzt keine Lust mehr weiter daran zu arbeiten. Ich möchte jetzt schlafen!«

■ Betrachten Sie vor dem Einschlafen einige Bilder, Photos oder Zeichnungen, die Sie sich angefertigt oder gesammelt haben. Schließen Sie die Augen und stellen sich vor, wie Sie selbst in diesen Bildern auf der »Bildfläche« erscheinen.

■ Schließen Sie die Augen und beginnen Sie in Ihrer Phantasie aktiv an der Veränderung Ihrer Ausgangssituation zu arbeiten. Sehen Sie sich beim Handeln zu. Modellieren Sie Ihre Handlungen, wenn Sie es bemerken, wie Sie etwas wieder so wie früher machen. Stoppen Sie in Gedanken den Film und sagen Sie sich: »Halt! Das machen wir nicht weiter, sondern das machen wir jetzt so!«

■ Schließen Sie die Augen und hören Sie sich beim geistigen Sprechen zu: Formulieren Sie Sätze, mit denen Sie sich ermutigen. Hier einige Beispiele: »Ich arbeite jeden Tag aktiv an der Bewältigung meiner Probleme!« oder »Ich bin zufrieden, weil ich meinem Ziel heute wieder einen wichtigen Schritt näher gekommen bin!« oder »Ich habe heute meinen Teil getan, um meinem Ziel näher zu kommen. Nun kann ich mit ruhigem Gewissen einschlafen. Mein Gehirn wird dennoch auch heute nacht einiges tun, damit ich auch im Schlaf weiter meine Ziele verfolge.«

**Vier Tips, wie Sie Ihr Gehirn anregen können, auch nachts etwas für Sie zu tun!**

# NLP für Fortgeschrittene

## Unangenehme Gefühle verändern

**Oftmals können sich Gefühle sehr störend auf unser Denken und Handeln auswirken**

Können Sie sich auch an Situationen erinnern, in denen Sie sich geärgert haben und sich hinterher vornahmen, es beim nächsten Mal etwas ruhiger angehen zu lassen? Im NLP-Kurs für Fortgeschrittene können Sie nun lernen, wie Sie das bisher Gelernte anwenden können. Sehen wir uns das etwas genauer an: In diesem Kapitel möchten wir Ihnen zeigen, daß es bessere Methoden gibt, um sich selbst zur Veränderung zu motivieren. Mit zwei einfachen NLP-Übungen können Sie sich helfen, aus dem alten Verhalten auszusteigen und ein neues, hilfreicheres einzuüben. Dabei lernen Sie, wie innere und äußere Spannungen Ihre gesamte Haltung, Ihre Gefühle beeinflußen können. Wenn wir ehrlich sind, müssen wir zugeben, daß es meistens beim Vorsatz blieb. Wir waren sogar so erregt, daß wir uns selbst auch noch Vorwürfe für unser Verhalten machen.

# Zwei Übungen, die Ihnen helfen können, unangenehme Gefühle zu verändern

## 1. Übung: Innere Spannungen an sich selbst besser wahrnehmen lernen

■ Setzen Sie sich irgendwo hin, wo Sie für eine Viertelstunde ungestört sein können. Denken Sie kurz über verschiedene Situationen der letzten Tage nach, in denen Sie sich geärgert haben. Suchen Sie sich eine bestimmte Situation aus.

■ Schließen Sie nun die Augen und gehen Sie in Gedanken wieder in die Situation zurück. Aber achten Sie darauf, sich selbst wie auf einer Leinwand dabei zuzusehen! Beobachten Sie, was dabei passierte. In was für einer Situation war das? Wo war es? Stellen Sie sich diese Umgebung so plastisch wie möglich vor. Wie haben Sie sich gefühlt?

■ Springen Sie nun in das Bild hinein und durchleben Sie den Ärger noch einmal persönlich. Spüren Sie Ihre Gefühle des Ärgers und versuchen Sie, ein Gefühl dafür zu bekommen, wie und wo sich diese Gefühle bei Ihnen niederschlagen? Wenn Sie dieses Gefühl des Ärgers bei sich ausreichend genau kennengelernt haben, beenden Sie diese Übung, indem Sie wieder von 5 bis 0 rückwärts zählen. Spannen Sie noch einmal die Hände zur Faust und öffnen Sie die Augen.

## 2. Übung: Einen anderen Gefühlszustand erreichen können

■ Konzentrieren Sie sich nun auf einen Gefühlszustand, den Sie dem Ärger vorziehen möchten. Nehmen Sie eventuell Ihre Zieleliste zur Hand und wählen daraus einen Gefühlszustand, den Sie sich für viele Situationen wünschen.

■ Stellen Sie sich selbst wieder auf einer Kinoleinwand vor. Sie sehen sich dort genau so, wie Sie am liebsten in angespannten Situationen sein möchten. Versuchen Sie, sich in dieser Situation beim Handeln zuzusehen. Wie machen Sie das? Wie bleiben Sie in dieser Situation ruhig und überlegen?

■ Springen Sie nun in diese Situation hinein. Werden Sie zu der Person, die in einer angespannten Situation ruhig und überlegen handelt. Empfinden Sie die Gefühle, die eine solche Person fühlen muß. Spüren Sie an Ihrem ganzen Körper das Gefühl, die Situation »im Griff« zu haben. Wie und wo äußert sich dieses Gefühl? Wenn Sie diese Gefühle ausreichend genossen haben, beenden Sie die Übung auf die übliche Weise (rückwärts zählen, Faust ballen, Augen öffnen).

**Ein kleiner Tip: Am besten versuchen Sie beide Übungen hintereinander, getrennt durch eine kleine Pause, durchzuführen.**

## Metakommunikation: So entschlüsseln Sie die Symbolsprache Ihres Körpers

**Hanna und die Haltung**

■ Die bisherigen Übungen dienten auch dazu, Ihre Wahrnehmung auf innere Prozesse Ihres Körpers zu lenken. Diese inneren Prozesse, die sich in bestimmten Gefühlszuständen niederschlagen, drücken sich nicht nur in bestimmten Gefühlen aus, sondern sie beeinflußen auch, vielmehr als wir glauben, unsere körperliche Haltung, die Art und Weise, wie wir uns unserer Umwelt zeigen.

**So können Sie Ihre Körperwahrnehmung bewußter erleben und verändern**

■ Es handelt sich dabei um eine Rückkoppelung zwischen uns und unseren Einstellungen sowie unserer Umwelt. Als Kind haben wir Erfahrungen gemacht, die zu bestimmten Einstellungen führten, diese wiederum zu bestimmten Verhaltensweisen. Diese bestimmten Verhaltensweisen nimmt unserer Körper wahr, und Einstellungen und Verhalten führen im Laufe der Zeit zu einer Haltung, zu einem Körperbild. Das Körperbild ist die Art und Weise, wie jemand körperlich ausdrückt, wie es ihm geht. Das Körperbild ist die Haltung, in der wir unserer Umwelt gegenübertreten.

■ Hanna, die Frau aus dem Seminar, die sich sehnlichst ein Haus im Grünen wünschte, hatte zu Beginn des Seminars eine Körperhaltung, die ihre gesamte Situation in der Stadt ausdrückte: Sie wirkte niedergedrückt und gehetzt. Das äußerte sich in einer Körperhaltung, mit der sie ihrer Umwelt gegenübertrat. Hanna fühlte sich ständig unwohl. Sie zog oft ihren Kopf zwischen die Schultern, ging etwas gebückt. Diese Haltung wurde aber auch von ihren Körperrezeptoren (die Stellen im Organismus, die dem Körper mitteilen, wie er sich hält, wie es ihm geht) registriert und zurückgemeldet. Wie sich das auswirkt, können Sie selbst in einer kleinen Übung erfahren. Und nicht nur das, Sie können auch lernen, wie Sie dies leicht verändern können.

## Körperwahrnehmung und -veränderung

■ Stellen Sie sich kurz mit eingezogenem Kopf hin. Ziehen Sie die Schultern hoch und beugen Sie den Oberkörper etwas nach vorn, so als ob Sie von Ängsten geplagt und von Sorgen niedergehalten werden. Konzentrieren Sie sich auf die Gefühle, die dabei in Ihrem Körper entstehen und empfinden Sie diese einen Moment lang sehr intensiv.

■ Nun verändern Sie Ihre Haltung und richten sich gerade auf. Recken Sie Ihren Hals heraus und holen Sie tief Luft, damit Ihre Brust sich mit der Wirbelsäule zusammen aufrichten kann. Bleiben Sie einen Moment mit erhobenem Haupt so stehen. Atmen Sie dabei tief und gleichmäßig. Konzentrieren Sie sich jetzt auf die Gefühle, die Sie in einer solchen Haltung spüren und empfinden Sie diese einen Moment lang. Spüren Sie, wie Ihre Körperhaltung Ihre Empfindungen verändert hat?

■ Denken Sie sich selbst ein paar kleine Übungen aus, mit denen Sie die verschiedenen Körperhaltungen, die bei bestimmten Gefühlszuständen auftreten können, ausprobieren und durch ihr Gegenteil aktiv verändern können.

## Die Selbstbewertung Ihrer Gefühlszustände: der Metakommentar

■ Die Körperhaltung ist aber nur ein, wenn auch wichtiger Teil Ihres Rückkopplungsmechanismus, mit dem Sie Ihrer Umwelt entgegentreten. Ein anderer, ebenso wichtiger Teil ist die Art und Weise, wie Sie verschiedene Gefühlszustände innerlich verbal kommentieren. Sie nehmen zunächst ein (äußeres) Ereignis wahr, dann reagieren Sie darauf, indem Sie es mit Ihren Erfahrungen in ähnlichen Situationen abgleichen. Ihr Gehirn reagiert darauf zum Teil mit bewußten und unbewußten Aktionen.

■ Es befiehlt zum Beispiel der Muskulatur, sich an- oder zu entspannen. Gleichzeitig erfolgt aber auch ein innerer Kommentar, ein kleines Selbstgespräch, mit dem Sie selbst die gesamte Situation bewerten. Sätze wie »Das ist ja wieder so ein Mist!« oder »Das habe ich ja gewußt, daß das schiefgeht!« oder ähnliches kennt jeder.

Diese Sätze lösen ihrerseits auch wieder Reaktionen in Ihrem Körper aus, die zu bestimmten Zuständen führen können. Wenn Sie sich innerlich in einer Prüfungssituation sagen »Das schaffe ich nicht!«

**Die Körperhaltung ist nur ein, wenn auch wichtiger Teil von Ihrem Rückkoppelungsmechanismus, mit dem Sie Ihrer Umwelt entgegentreten**

oder »Das kann ich nicht!«, dann ziehen sich nicht nur Ihre Muskeln zusammen und Sie verkrampfen sich körperlich, sondern das Gehirn regt auch gewisse Drüsen des Hormonsystems an, die zu verschiedenen Gefühlszuständen führen können.

Dieser Mechanismus unseres Körpers, der nur auf den ersten Blick negativ erscheinen mag, gibt uns auch ein Mittel zur Veränderung an die Hand, denn was einmal so herum funktioniert, geht natürlich auch anders herum.

Wir können in diesen Prozeß bewußt eingreifen, wenn wir auch wissen, wie er funktioniert!

**Wir können in diesen Prozeß bewußt eingreifen, wenn wir wissen, wie er funktioniert!**

## Die Veränderung des Metakommentars

■ Erlebnisse oder Gedanken oder beides können körperliche Reaktionen auslösen. Diese werden von uns »kommentiert« und damit eingeordnet. Wir bewerten sie als bedrohlich oder gefährlich oder als ungefährlich und harmlos. Wir können, wenn wir diesen Prozeß erst einmal durchschaut und begriffen haben, ihn an jeder Stelle verändern. Dazu ist es zunächst einmal notwendig, ihn zu unterbrechen, um Zeit für Überlegungen zu finden, die uns in dieser Situation helfen können.

## Die verschiedenen Körperreaktionen auf einen Blick

■ Die Sinnesorgane nehmen eine Situation wahr.

■ Verschiedene (unbewußte) Körperprozesse laufen ab.

■ Das biochemische Gleichgewicht des Körpers verändert sich.

■ Die Gefühle ändern sich.

■ Die Gesamtsituation wird von Teilen des Gehirns eingeordnet und bewertet.

■ Diese Bewertungen verändern die Situation (negativ oder positiv).

# Drei wichtige Schritte der Veränderung

## 1. Wahrnehmen einer Situation

Mein Sohn Peter (15 Jahre) reagierte in Streßsituationen, wie zum Beispiel während einer Mathearbeit, immer auf die gleiche Weise: Er nahm sie als bedrohlich wahr. Oft genug hatte er nicht ausreichend dafür geübt und eine schlechte Zensur bekommen. Dann verspannte er sich, bekam Angst und durch diese angespannte Körperhaltung kam es zur Ausschüttung von Streßhormonen. Er atmete dann flacher, hielt teilweise sogar die Luft an, womit sich seine Ängste noch mehr steigerten. Er geriet dann in Panik und sagte sich dauernd: »Ich kann das nicht! Ich schaffe das nicht! Das wird wieder eine Fünf!« Die Ängste wiederum führten dazu, daß er nicht mehr klar denken konnte. Die Aufgaben erschienen ihm dann unlösbar zu sein.

## 2. Erkennen, was es damit auf sich hat

In vielen Gesprächen miteinander kristallisierte sich dieser Komplex heraus. Peter und ich lernten gemeinsam dabei, wie er sich in Streßsituationen bislang verhalten hatte. Wir konnten beide erkennen, wie die körperlichen Reaktionen zustande kamen und wie sie ausgelöst wurden.

## 3. Verändern der eigenen Reaktion darauf

Eines der wichtigsten Ergebnisse unserer Gespräche war die Erkennntnis: Peter kann schon im Vorfeld selbst eine Menge dazu tun, damit es gar nicht erst zu so einer Situation kommt. Dadurch, daß er nicht übte, schaffte er sich die Angstsituation zum Teil selbst. Eine erste Veränderung bestand also darin, ausreichend und häufig vor den Arbeiten zu üben. Die zweite Veränderung bestand darin, daß Peter lernen mußte, sich nach erfolgtem Üben selbst zu loben und die bislang negativen Sätze, wie »Ich kann das nicht!« ins Positive zu wenden: »Ich habe ausreichend geübt. Ich kann das sehr gut. Ich schaffe das!«

**Drei wichtie Schritte zur Veränderung**

# So können Sie Ihre Metakommunikation mit sich selbst positiv beeinflussen

**Sie lernen nun weitere Werkzeuge der Veränderung kennen**

Sie sind dabei, sich das Handwerkszeug für Ihre eigene Veränderung selbst zu schaffen. Die folgende Übung kann jedoch nur richtig durchgeführt werden, wenn Sie den Basiskurs erfolgreich abgeschlossen haben. Sollten Sie noch nicht zufrieden mit sich und den Ergebnissen der Übungen sein, wiederholen Sie zunächst diejenigen Übungsteile, die Sie noch nicht zufriedenstellen. Erst danach sollten Sie zu den Fortgeschrittenenübungen übergehen! Sind Sie jedoch schon soweit, dann fangen wir jetzt an, das Kennenlernen der eigenen Reaktionen weiter zu verbessern. Sie haben dann ein Werkzeug zur Verfügung, mit dem Sie sich selbst nicht nur besser kennenlernen und verstehen, sondern mit dem Sie sich auch verändern können. Für diese Übung brauchen Sie wieder ein Blatt Papier und einen Stift, um sich hinterher Notizen machen zu können.

# Das Selbstgespräch: Eine gute Möglichkeit, mit sich selbst ins Gespräch zu kommen

1. Setzen Sie sich bequem hin und nehmen Sie Ihre gewohnte Übungshaltung ein. Führen Sie eine Kurzentspannung durch (Seite 21 ff.) und konzentrieren Sie sich auf eine Situation, in der Sie vor kurzem noch gescheitert sind. Es sollte eine Situation sein, in der alles »schiefging«, was Sie sich vorgenommen hatten. Haben Sie eine solche Situation parat?

2. Stellen Sie sich selbst in dieser Situation möglichst plastisch vor. Denken Sie aber daran, sich auf eine Kinoleinwand zu projizieren. Springen Sie dann in die Figur hinein und konzentrieren Sie sich auf die Gefühle, die Sie in dieser Situation hatten. Wie bewerten Sie diese Gefühle? Wie lauten Ihre Selbstgespräche (im negativen Sinne)? Wie haben Sie sich selbst fertiggemacht?

3. Beenden Sie diese Übung, indem Sie rückwärts von 5 bis 0 zählen, spannen Sie noch einmal kurz die Hände zur Faust und öffnen Sie die Augen. Notieren Sie sich Ihre Gedanken auf einem Blatt Papier. Schreiben Sie vor allem die Sätze auf, mit denen Sie sich selbst abgewertet haben.

**So können Sie mit sich selbst besser ins Gespräch kommen**

**1** *Legen Sie sich Papier und Bleistift zurecht.*

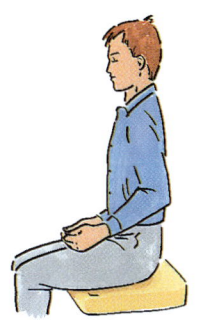

**2** *Machen Sie eine Kurzentspannung in der Übunghaltung.*

**Finden Sie Ihre Selbstabwertungen heraus!**

**3** *Schreiben Sie Ihre Selbstabwertungen auf.*

## Sie sollten sich erst richtig selbst wahrnehmen und erkennen können, bevor Sie sich verändern

Viele Menschen machen einen entscheidenden Fehler: Sie wissen zwar, daß sie etwas falsch machen, aber sie wollen möglichst schnell aus der unangenehmen Situation heraus und versuchen sich mit der Zukunft zu befassen, anstatt zunächst genau hinzusehen, was los ist. Sie wollen nicht so sein, wie sie sind und streben sofort nach Veränderung.

**Lernen Sie Ihre Vergangenheit und die Erfahrungen, die Sie in ihr gemacht haben, besser kennen, um sich selbst und Ihr Fühlen und Handeln besser verstehen zu können**

Das kann aber nicht gut gehen, weil man sich erst Gedanken über den jeweiligen Status quo machen muß. Erst wenn man genau weiß, warum etwas so ist, wie es ist, kann man sich daraus lösen. Ein Freund von mir hat einmal gesagt: »Wer aus seinen Fehlern nicht lernt, ist verdammt dazu, sie dauernd zu wiederholen.« Das ständige Wiederholen von falschen Lösungen, die nicht zum erwünschten Ergebnis führen, ist ein zentrales Merkmal solcher Menschen. Sie wissen nicht, daß sie erst die Vergangenheit untersuchen müssen, bevor sie sich der Gegenwart und Zukunft zuwenden können.

Und dabei spielt die Wahrnehmung der eigenen Gefühle beim Handeln, gerade wenn es nicht so klappt, wie Sie es sich wünschen, eine große, nicht zu unterschätzende Rolle! Bevor Sie etwas verändern, sollten Sie dahinter kommen, warum Sie sich bislang so und nicht anders verhalten haben.

## Untersuchen Sie die Vergangenheit und versuchen Sie herauszufinden, warum Sie so und nicht anders handeln konnten

■ Jedes menschliche Verhalten, auch wenn es falsch erscheint, hat einen (verborgenen) Sinn.
■ Ihre Aufgabe ist es, hinter die Ursachen Ihrer bisherigen (möglicherweise falschen) Verhaltensweisen zu kommen.
■ Nutzen Sie die schon erlernten NLP-Übungen aus dem Basiskurs, um sich selbst »auf die Schliche« zu kommen.

# Wie sind meine Gedanken und Gefühle, die mich momentan beherrschen, entstanden? Welchem Zweck dienten sie bisher?

■ Versetzen Sie sich wieder in Ihre Übunghaltung, führen Sie eine Kurzentspannung durch und konzentrieren Sie sich auf Ihre Vergangenheit.

■ Machen Sie eine kleine Zeitreise in Ihre Vergangenheit und versuchen Sie die wichtigsten Stationen noch einmal kurz zu durchleben. Sehen Sie sich selbst wie auf einer Kinoleinwand zu und produzieren Sie die entsprechenden Bilder aus Ihrem Leben. Achten Sie aber auch darauf, nicht zu lange bei einem Bild zu verweilen, sondern nehmen Sie sie zur Kenntnis und lassen sie dann vorüberziehen.

■ Beenden Sie diese Übung wie üblich und ruhen sich noch einen Augenblick aus. Dann nehmen Sie Papier und Bleistift zur Hand und schreiben Sie die wichtigsten Lebensstationen auf. Ordnen Sie diese unter verschiedenen Überschriften:

▶ Kindheit
▶ Jugend
▶ Freundschaft
▶ Liebe
▶ Berufstätigkeit
▶ Krankheit etc.

## Bewerten Sie die wichtigsten Ereignisse aus Ihrem Leben

Suchen Sie sich nun die wichtigsten Ereignisse der Reihe nach (chronologisch) heraus und versuchen Sie mit einer NLP-Übung hinter das Geheimnis Ihres bisherigen Lebens zu kommen. Dabei tauchen wahrscheinlich folgende Fragen auf: Welches Ereignis war in welcher Lebensphase für mich wichtig? Warum war es wichtig? Wie habe ich mich damals dabei gefühlt? Wie ist es zu diesen Gefühlen gekommen? Alle Lebensereignisse, die Sie bisher durchgemacht haben, haben Sie auch geprägt. Sie haben daraus etwas gelernt, was Sie noch heute in Ihrem Leben anwenden. Und die meisten Menschen machen das ganz unbewußt, weil Sie im Alltag nicht die Zeit finden, darüber zu reflektieren. Bevor wir nun zur nächsten Übung kommen, damit Sie sich selbst und Ihr bisheriges Verhalten besser kennen- und verstehenlernen, möchte ich anhand eines weiteren Fallbeispiels aus meiner Praxis verdeutlichen, worum es bei einer solchen Übung gehen kann.

**Wie sind meine Gedanken und Gefühle entstanden?**

**Ordnen Sie Ihre Lebenserfahrungen ein**

**Bewerten Sie Ihre Lebenserfahrungen**

# Ein Fallbeispiel aus meiner Praxis

Marianne Köster, 42 Jahre alt und Erzieherin, mußte immer wieder erleben, daß sie in wichtigen Lebensphasen versagte. Sie hatte sich, kurz bevor ich sie kennenlernte, bei einem neuen Arbeitgeber beworben und war nach einem Vorstellungsgespräch nicht genommen worden. Das war nicht zum ersten Mal passiert. Sie hatte in den letzten Monaten schon vier solcher erfolgloser Vorstellungsgespräche hinter sich gebracht. »Ich bin schon vorher so nervös, daß ich im Gespräch selbst wahrscheinlich einen sehr schlechten Eindruck hinterlasse!«, sagte sie während des Seminars.

Bei der Aufarbeitung ihrer Lebensgeschichte stieß sie auf ein Erlebnis, das sie während ihrer Kindheit gehabt hatte: Sie war damals sieben Jahre alt gewesen und ging in die erste Klasse. Sie hatte ein Bild mit einem Gesicht gemalt und die Lehrerin sagte zu ihr: »Das hast du falsch gemacht, du mußt das so und so machen.« Sie strich das Bild mit einem Kugelschreiber durch. Marianne weinte und lief mit diesem Bild nach Hause und zeigte es weinend ihrer Mutter. Diese empörte sich, aber nicht über die Lehrerin, sondern über Marianne. Das eingeschüchterte Kind wurde ins Zimmer geschickt und mußte dort bleiben, bis der Vater nach Hause kam. »Ich hatte fürchterliche Angst. Ich

**Sollten Schwierigkeiten bei der Bewältigung Ihrer Probleme auftauchen, überlegen Sie, ob Sie nicht Hilfe durch einen Psychotherapeuten gebrauchen könnten**

wußte, er würde mich bestimmt schlagen!« Marianne durchlebte im Seminar noch einmal diese Demütigungen. Sie konnte danach besser verstehen, warum sie vor wichtigen Entscheidungen solche Ängste hatte. Sie lernte dabei jedoch auch, daß sie sich selbst innerlich abwertete. Ihre inneren Standardsätze in solchen oder ähnlichen Situationen lauteten: »Ich kann das nicht! Ich schaffe das nicht. Ich bin nichts wert!«

## Achtung!

Sollten Sie bei der Beschäftigung mit diesem Buch feststellen, daß Ihre Probleme oder Schwierigkeiten von Ihnen in Selbsthilfe nicht zu lösen sind, suchen Sie bitte einen Arzt und/oder Psychotherapeuten auf. Viele Schwierigkeiten sind in Selbsthilfe zu lösen, viele aber auch nicht. Wenn Sie das Gefühl haben, es ohne einen Experten nicht zu schaffen, suchen Sie einen auf und quälen Sie sich nicht unnötigerweise. Der Weg zum Arzt ist nur eine weitere Hilfe: Denn auch, wenn er Ihnen weiterhelfen kann, er kann Ihnen auch nur helfen, sich selbst zu helfen!

# Übungen, mit denen Sie Ihre Prägungen herausfinden können

▶ Erlebnisse aus Ihrer Kindheit und Jugend haben Sie geprägt. Durch bestimmte Erlebnisse wurden Gefühle des Versagens und der Hilflosigkeit scheinbar unauslöschlich in Ihr Gedächtnis eingeprägt und bestimmen Sie vielfach noch heute.

▶ Machen Sie sich auf die Suche nach solchen Erlebnissen und Prägungen.

▶ Finden Sie sie heraus und durchleben Sie sie in den folgenden Übungen noch einmal.

▶ Schreiben Sie sich Ihre inneren Selbstgespräche auf, mit denen Sie diese Erlebnisse für sich verarbeitet haben und die Sie noch heute beeinflußen.

■ Nehmen Sie die Übungshaltung ein und führen Sie eine Kurzentspannung durch. Denken Sie an ein Erlebnis aus Ihrer Vergangenheit, versuchen Sie an die Gefühle heranzukommen, die diese Erinnerungen begleiten.

■ Nun hören Sie auf die Sätze, die Ihnen dazu einfallen, die Sie innerlich sprechen. Wie lauten Ihre inneren Selbstgespräche? Wie kommentieren Sie die Situation? Beenden Sie hier die Übung auf die übliche Art und Weise.

■ Schreiben Sie diese Sätze als Überschrift auf ein Blatt Papier und notieren Sie daneben in mehreren Spalten Ihre Assoziationen, die Ihnen zu diesem Satz einfallen.

**Finden Sie mit diesen Übungen heraus, wie Sie in der Vergangenheit auf Ihre Erlebnisse gefühlsmäßig reagierten**

# Beispiel für einen Metakommentar

| "ICH KANN DAS NICHT" | DEPRIMIERT LUSTLOS NIEDERGESCHLAGEN HOFFNUNGSLOS | ÄNGSTLICH GELÄHMT PASSIV BEDRÜCKT | FLUCHTGEDANKEN MÖCHTE WOANDERS SEIN MICH VERSTECKEN VERKRIECHEN AUSSTEIGEN |
|---|---|---|---|
| | | | |

## Wozu dienen Metakommentare?

Mit Metakommentaren verknüpfen Sie bestimmte Gefühle mit Gedanken und Schlußfolgerungen miteinander. Sie verbinden so erlebte Erfahrungen mit bestimmten Gefühlen und Gedanken und speichern diese in Ihrem Gedächtnis. Der Satz »Ich kann das nicht!« ist das Ergebnis Ihrer Erlebnisse. Er stellt sozusagen das Substrat Ihrer Erfahrungen dar. In ihm sind alle Gefühle und die dazugehöri-gen Gedanken vereinigt. Gleichzeitig aber auch die entsprechenden neuronalen Verbindungen in Ihrem Gehirn. An diesen Satz sind auch verschiedene hormonale Auslöser gekoppelt. Sprechen Sie innerlich diesen Satz, schüttet Ihr Körper genau dieselben Stoffe aus, die er damals in der auslösenden Situation ausgeschüttet hatte und die dazu dienen, daß Sie die Situation überstehen. Dieser Mechanismus, der auf den ersten Blick nur negativ erscheint, hat natürlich eine sinnvolle Aufgabe. Wenn Sie zum Beispiel Angst erleben und so kommentieren, wird Ihr Hormonsystem die dazugehörigen Stoffe wie Adrenalin und Noradrenalin in Ihren Stoffwechsel einfügen. Was dann passiert, dient der Flucht oder dem Kampf. Es handelt sich um die biologischen Voraussetzungen dafür. Aber ein kleines Kind im Alter von 7 Jahren, das diese Ängste in einem Zusammenhang verspürt, der normalerweise nichts mit der Lebensgefahr zu tun hat, die diesem biologischen Mechanismus zugrunde liegt, kann diese Gefühle nur als »Gefahr« interpretieren. Und der Vater, der dann später noch das Kind weiter einschüchtert und vielleicht sogar schlägt, bestätigt die Richtigkeit dieser Ängste. Kommt es nun Jahre später, das Kind ist inzwischen erwachsen, zu einer ähnlichen Situation (sie braucht auch nur im entferntesten eine Ähnlichkeit zu haben: Prüfungssituation, Vorstellungsgespräch), dann erinnert sich Ihr Organismus an diese alte Erfahrung und die Verhaltenskette läuft ab: Angstgefühle, Bewertungen, Stoffwechselreaktionen, Verspannungen.

## Beschäftigen Sie sich mit Ihrer Gegenwart und versuchen Sie herauszufinden, wo Sie noch heute von Ihrer Vergangenheit beeinflußt werden

Wenn man sich von diesen Erfahrungen lösen will, weil sie immer wieder die Gegenwart ungerechtfertigt beeinträchtigen, dann kommt man zunächst nicht umhin, sie in der Gegenwart zu identifizieren und aufzuschreiben.

Überlegen Sie: Wo gibt es in Ihrem Leben solche Einschränkungen, die aufgrund von alten Erfahrungen und den damit verbundenen Prägungen, immer wieder zu solchen Prozessen führen? Nehmen Sie Ihren Alltag »unter die Lupe« und suchen Sie nach solchen Erfahrungen, schreiben Sie sie auf und bewerten Sie sie im Licht der Selbstgespräche.

**Wenn eine Situation Ähnlichkeiten mit einer früheren Erfahrung aufweist, erinnert sich Ihr Organismus an die begleitenden Gefühle und löst so eine Kette von Reaktionen in Ihrem Organismus aus**

# So können Sie Ihre Prägungen verändern und sogar löschen

## So können Sie Ihre Metakommentare verändern

■ Nehmen Sie ein neues Blatt zur Hand und schreiben Sie als Überschrift das Gegenteil Ihrer bisherigen Ergebnisse auf. Zum Beispiel statt »Ich kann das nicht!«: »Ich schaffe das!«

■ Nun beginnen Sie wieder damit zu assoziieren. Schreiben Sie in vier Spalten weitere Begriffe und Zustände auf, die Ihnen zu diesem positiven Metakommentar einfallen. Nehmen Sie das alte Blatt

Papier mit den negativen Metakommentaren zur Hand und bilden Sie jeweils die Gegensätze dazu. Statt passiv = aktiv, statt ängstlich = mutig usw.

■ Stellen Sie sich neue Situationen vor, in denen Sie diese Begriffe und Zustände nutzen können, um sie zu bewältigen. Assoziieren Sie dazu alles, was Ihnen einfällt. Zum Beispiel so: »Vorstellungsgespräch« = aktive Vorbereitung, mutiges Auftreten, entspanntes Verhalten, lächelndes Gesicht, lockere Gespräche, innere Ruhe, Ausgeglichenheit.

# Modellieren Sie Ihr zukünftiges Verhalten in der Phantasie neu

■ Nehmen Sie wieder die Übungshaltung ein und führen Sie ein Kurzentspannung durch. Stellen Sie sich dann eine Situation vor, die sich aus Ihren Zukunftsplänen ergibt. Sehen Sie sich selbst auf einer Kinoleinwand und stellen Sie sich vor, wie Sie erfolgreich die Situation bewältigen.

■ Springen Sie nun in die handelnde Figur hinein und seien Sie diese selbst beim Durchführen der Verhaltensweisen, die Sie befähigen, Ihre Ziele zu erreichen. Empfinden Sie dabei die Freude, die sich einstellt, wenn man erfolgreich ist. Spüren Sie mit allen Sinnen, wie Sie die Situtation bewältigen.

■ Führen Sie beim Handeln die neuen positiven Selbstgespräche durch. Ermutigen Sie sich mit den neuen Metakommentaren: Sagen Sie Sätze wie »Ich kann das!«, »Ich bin erfolgreich!«, »Ich bewältige diese Situation so, wie ich es mir vorgestellt habe!« oder ähnliche, die Sie sich selbst erarbeitet haben. Formen Sie sich in der Situation so, wie Sie sich das vorstellen. Kneten Sie an der Figur herum, bis alles so ist, wie Sie sich das vorstellen. Modellieren Sie solange herum, bis die Sache perfekt ist. Seien Sie dabei so plastisch wie nur möglich: Sehen Sie sich in der Situation, zum Beispiel im Vorstellungsgespräch, wie Sie souverän mit den Fragen Ihres Gegenübers umgehen und diese intelligent und bescheiden, aber bestimmt beantworten.

Schließen Sie diese Übung mit einem Erfolgserlebnis ab: Ihr Gegenüber steht auf und gibt Ihnen die Hand: »Herzlichen Glückwunsch, Sie haben die Stelle. Wann können Sie anfangen?« Und verweilen Sie ruhig etwas bei diesem sehr positiven Bild. Bleiben Sie noch einen Moment lang glücklich darüber, daß Sie es geschafft haben, sich selbst in der Phantasie zum richtigen Handeln und Fühlen aktiviert zu haben.

**So können Sie Metakommentare verändern oder sogar löschen!**

**Das Geheimnis der Verhaltenssteuerung heißt:**

▶ Wahrnehmen
▶ Erkennen
▶ Ändern der alten Programmierungen

# Innenansichten: Die Welt, in der wir leben, läßt sich von uns beeinflussen

## Die reale Welt und wie wir sie erleben

Tag für Tag stürzen alte und neue Eindrücke auf uns herab. Wir verarbeiten sie, interpretieren sie und speichern sie in unserem Gedächtnis. Aus ihnen setzt sich die Sichtweise unserer Welt zusammen. Mit Hilfe unserer Sinneseindrücke (im NLP nennt man sie »Modalitäten«) nehmen wir die Welt in uns auf und bilden sie in unserer Phantasie ab. Dieses Bild, das wir uns von der Welt machen, nennt man im NLP »Gebiet«. Aber das, was wir in uns abbilden und mit Metakommentaren bewerten, ist nicht identisch mit der realen Welt. Es handelt sich dabei vielmehr um eine »Landkarte« der wirklichen Welt. Und eine Landkarte repräsentiert nicht die richtige Welt, sondern ist nur ein vereinfachtes Modell dieser Welt.

Das Gleiche gilt für einen Stadtplan, er kann Ihnen helfen, sich in einer fremden Stadt besser zurechtzufinden, aber er zeigt Ihnen nicht, wie die Stadt wirklich aussieht. Die Vielfalt der echten Stadt kann im Stadtplan nicht ausgedrückt werden. Straßen und Häuser sind auf Vierecke und Geraden reduziert. Kurz gesagt:

**Es ist nicht alles so, wie wir glauben**

Die echte Stadt ist vielfältiger, bunter, lebendiger, als das Bild des Stadtplans vermuten läßt. Ähnlich ist es auch mit unserer inneren Repräsentation von der wirklichen Welt. Wir nehmen alles, was wir erleben, durch unsere Sinneskanäle (die Modalitäten) verschlüsselt auf.

Und weil man sich bei weitem nicht alles merken kann, wird die Information reduziert, vereinfacht! Stellen Sie sich einmal folgendes Bild vor: Oma trifft in der Fußgängerzone auf einen verdreckten, wild aussehenden Punker. Völlig entgeistert sieht sie ihn an. Die Oma macht den Eindruck, als könne sie die »Jugend von heute« nicht mehr verstehen. Sie sieht aus, als ob sie sich vor dem jungen Mann fürchtet. Das kann dazu führen, daß sie die reale Welt in ihrer Vielfalt nicht mehr aufnimmt, sondern lediglich einen (unrealistischen) Ausschnitt davon speichert.

Der Punker erscheint der Oma dreckig zu sein, er sieht gewalttätig aus. Das kann dazu führen, daß diese Großmutter sich vor Punks fürchtet. Aber dieser junge Mann kann in Wirklichkeit sehr hilfsbereit sein. Stellen Sie sich einmal vor, wie er der alten Dame über die Straße hilft und ihre schwere Einkaufstasche trägt.

Auch das kann eine (verborgene, auf den ersten Blick unsichtbare) Eigenschaft dieses Menschen sein. Außerdem kann es sich um einen ängstlichen, verunsicherten Jugendlichen handeln. Dieser Jugendliche kann sehr differenziert wahrgenommen werden, wenn man bereit wäre, nicht gleich mit den üblichen Stereotypen zu reagieren und eine Person, einen Menschen, in einen Kasten mit vorgefertigten Vorurteilen zu stecken.

## Kindheitserfahrungen sind nur Teilauschnitte aus der wirklichen Welt

Erinnern Sie sich noch an Hanna, die junge Frau aus dem Seminar, die sich ein Haus im Grünen wünschte und die herausfand, daß sie als Kind schreckliche Angst vor ihren Eltern gehabt hatte? Hanna hatte eine Erfahrung mit einer schrecklichen Lehrerin gemacht und dadurch Angst vor ihren eigenen Leistungen bekommen. Sie erlebte ihre Eltern unnachgiebig und Angst auslösend. Aber fragen wir uns: Sind Eltern wirklich nur so? Können Sie nicht auch ganz anders sein?

Wahrscheinlich waren Hannas Eltern in anderen Bereichen liebevolle und verständnisvolle Eltern. Vielleicht waren sie auch Eltern, die sich Sorgen um ihre kleine Tochter und deren Fortkommen auf der Schule gemacht haben.

Wir neigen aber dazu, die Welt, in der wir leben, ähnlich einem Stadtplan zu vereinfachen. Und: Wir speichern im Verlauf unseres Lebens (zu)viele negative Erfahrungen ab, daß das Leben, auch unseres, nicht nur aus diesen negativen Erlebnissen bestand, sondern daß auch sehr viele schöne Erfahrungen dabei waren. Je

mehr ein kleines Kind oder auch ein Jugendlicher aber schlechte Erfahrungen macht, desto mehr wird er dazu neigen, die Welt, in der er lebt, so zu sehen, wie sie ihm erscheint: schlecht! Je mehr man also erlebt, etwas nicht zu können, desto mehr wird man dazu neigen, es auch zu glauben und nach dieser Quintessenz zu leben.

Wenn wir Ihnen nun vorschlagen, die Welt auch anders zu erleben, handelt es sich dabei nicht um eine Unwahrheit, um einen Selbstbetrug, sondern um den Versuch, auch andere Seiten Ihrer Persönlichkeit zur Entfaltung zu bringen. Zu den vielen schlechten Erfahrungen sollen sich gute Erfahrungen gesellen. Je mehr gute Erfahrungen Sie aber machen werden, desto mehr wird sich Ihre Lebensbilanz zum Guten, zum Positiven hin verschieben!

Die NLP-Übungen machen Ihnen also nichts vor, was nicht ist, sondern sie bringen erst die wahre Fülle des Lebens zum Ausdruck. Kein Mensch ist nur schlecht, kein Mensch macht nur negative Erfahrungen, sondern er gewöhnt sich ein Muster an, nach dem er seine Erfahrungen speichert und sich selbst so programmiert, als entspräche die reale Welt diesem Muster. Diesen negativen Prozeß, der zur Handlungsunfähigkeit führt, kann man aber ändern, kann man umkehren. Doch dazu ist es notwendig, die Welt differenzierter als bisher zu sehen.

**Aber fragen wir uns: Sind Eltern wirklich nur so? Können Sie nicht auch ganz anders sein?**

# Entdecken Sie die wirkliche Welt in Ihrem Innern

## Mit welchen Sinneskanälen nehmen Sie hauptsächlich Ihre Umwelt wahr?

**Mit den folgenden Übungen können Sie zunächst herausfinden, was für ein »Sinnestyp« Sie sind, um dann auch zu wissen, welche Sinneskanäle etwas unterentwickelt sein können**

Das Leben kann viel bunter sein, als Sie bisher glaubten. Doch um die Vielfalt der Welt überhaupt wahrnehmen zu können, sollten Sie all Ihre Sinneskanäle nutzen, all Ihre Empfindungen einsetzen. Leider haben viele Menschen durch bestimmte Erfahrungen in Ihrer Kindheit verlernt, das zu tun. Sie bildeten ein Muster aus, mit dem sie die Welt erlebten. Sie bevorzugten einen oder mehrere Sinneskanäle und ließen andere verkümmern. Mit den folgenden Übungen können Sie zunächst herausfinden, was für ein »Sinnestyp« Sie sind, um dann auch zu wissen, welche Sinneskanäle etwas unterentwickelt sein können.

Diese lassen sich aber mit etwas Übung wieder aktivieren. Wie das geht, erfahren Sie auf den folgenden Seiten. Übrigens: Diese Übungen können nicht nur sehr viel Spaß machen, sondern sie erweitern auch Ihre Wahrnehmung um ein Vielfaches! Mit diesen Übungen können Sie verschüttete Potentiale in sich wecken und reaktivieren.

## Welcher Sinnestyp sind Sie?

**1** *Sind Sie ein Sehtyp?*

**2** *Sind Sie ein Hörtyp?*

**3** *Sind Sie ein Riechtyp?*

**4** *Sind Sie ein Geschmackstyp?*

**5** *Sind Sie ein Kinästhet?*

**1.**
Nehmen Sie die übliche Übungshaltung ein und führen Sie ein Kurzentspannungstraining durch. Halten Sie einen Moment inne und stellen Sie sich dann eine Apfelsine vor, die Sie vor sich auf dem Tisch liegen sehen.

**2.**
Konzentrieren Sie sich nun auf Ihre Ohren und lauschen in den Raum hinein. Stellen Sie sich vor, Sie würden einen Vogel ganz herrlich zwitschern hören.

**3.**
Konzentrieren Sie sich nun auf Ihre Nase. Können Sie die Apfelsine aus der ersten Übung riechen?

**Welcher Sinnestyp sind Sie?**

**4.**
Stellen Sie sich nun vor, Sie würden in die Apfelsine hineinbeißen und den Geschmack auf der Zunge spüren.

**5.**
Stellen Sie sich nun vor, wie Sie auf das Bild einer Apfelsine »aus dem Bauch« heraus reagieren. Dann beenden Sie diese Übung auf die übliche Weise, in dem Sie rückwärts von 5 nach 0 zählen und öffnen wieder die Augen.

## Zu welcher Übung fallen Ihnen die meisten Begriffe ein?

Nehmen Sie nun ein Blatt Papier und schreiben Sie noch einmal aus dem Gedächtnis Ihre Erfahrungen mit den einzelnen Übungen auf. Machen Sie für jeden Sinneskanal eine Spalte, zum Beispiel »Sehen« und schreiben Sie unter dieser Überschrift alles auf, was Ihnen bei der Sehübung eingefallen ist, wie Sie sich dabei gefühlt haben. Achten Sie darauf, möglichst viele Erfahrungen und Empfindungen einzeln zu benennen.

**Jede Bevorzugung eines bestimmten Sinneskanals schränkt Ihre Wahrnehmung ein und macht Sie unflexibel**

## Jede Bevorzugung eines Sinnenkanals stellt einen Mangel an Flexibilität dar

Wenn Sie jeweils einen bestimmten Sinneskanal bevorzugen, schränken Sie die Möglichkeiten Ihrer Wahrnehmung ein. Sie empfangen die Welt draußen sozusagen nur auf einem Kanal.

Mit Hilfe der folgenden Übungen können Sie lernen, wie sich Ihre Wahrnehmungsmöglichkeiten und damit auch die Vielfalt der Repräsentation der Welt in Ihrem Kopf verändern und vor allem erweitern lassen.

## So bewerten Sie Ihre Sinneserfahrungen und finden Ihren Typ heraus

### ■ Quantitativ

Sehen Sie sich an, zu welchem der Sinneskanäle ist Ihnen am meisten eingefallen? Hier deutet sich schon über die Quantität an, welcher Sinneskanal gut ausgeprägt und welche unterentwickelt sind. Da, wo Ihnen viel einfällt, nehmen Sie differenziert wahr, wo Ihnen weniger einfällt, sind Sie unterentwickelt.

### ■ Qualitativ

Erinnern Sie sich noch an die einzelnen Übungen? Können Sie auch qualitativ sagen, welche Ihnen am meisten gebracht hat? Bei welcher Sie am meisten und am tiefsten empfunden haben?

Vergleichen Sie diese beiden Auswertungen miteinander: Decken sich die Ergebnisse aus der quantitativen und qualitativen Analyse? Wenn ja, haben Sie Ihren bevorzugten Sinneskanal entdeckt. Wenn nein, dann benutzen Sie anscheinend doch nicht nur hauptsächlich einen, sondern bevorzugen mehrere.

Aber Sie wissen nun auch, welche Sinneskanäle bei Ihnen nur schwach ausgeprägt sind. Und wenn Sie Ihre Wahrnehmung erweitern und vor allem auch flexibler machen wollen, sollten Sie diese mit den folgenden Übungen trainieren.

# So können Sie Ihre Wahrnehmung erweitern und flexibler werden

■ Nehmen Sie wieder die übliche Sitzhaltung ein und entspannen Sie sich mit einer Kurzentspannung. Dann konzentrieren Sie sich noch einmal auf die Apfelsine aus der vorherigen Übung. Sehen Sie die Apfelsine vor Ihrem geistigen Auge? Gut, nun wechseln Sie bewußt Ihren Sinneskanal und schalten Sie auf »Schmecken«. Beißen Sie in Gedanken in die inzwischen geschälte Apfelsine und empfinden Sie den Geschmack.

■ Können Sie den Geschmack der Apfelsine fühlen? Merken Sie, wie sich Ihre Gefühle darauf konzentrieren? Bleiben Sie einen Moment dabei stehen und schalten Sie dann noch einmal auf einen anderen Kanal, das Riechen, um. Konzentrieren Sie sich darauf, wie diese Apfelsine riecht und wie sich in Ihrem Gehirn die Wahrnehmung der Apfelsine verändert, wie immer mehr Sinneskanäle daran beteiligt werden. Spüren Sie, wie sich Ihre Möglichkeiten in Ihrem Kopf erweitern?

■ Können Sie den Geschmack der Apfelsine fühlen? Merken Sie, wie sich Ihre Gefühle nun darauf konzentrieren? Bleiben Sie einen Moment dabei stehen und schalten dann noch einmal um. Nehmen Sie die Apfelsine nun kinästhetisch wahr (mit dem Bauch und all Ihren Sinnen). Spüren Sie der Apfelsine gefühlsmäßig nach. Bleiben Sie einen Moment dabei und beenden Sie dann diese Übung, indem Sie rückwärts von 5 bis 0 zählen und die Augen öffnen.

Je mehr Sinneskanäle Sie bewußt einsetzen können, desto größer werden Ihre Möglichkeiten, die Welt draußen wahrzunehmen und in Ihrem Kopf zu verarbeiten

Wer in der Lage ist, bei einer bestimmten Situation, seine Umgebung mit verschiedenen Sinnen wahrzunehmen, ist nicht mehr auf seinen bevorzugten Sinneskanal angewiesen. Die Folge ist aber nicht nur eine Erweiterung der Sinneswahrnehmung, die allein schon Grund genug für einen Wechsel der Wahrnehmungskanäle wäre, sondern auch eine Erweiterung der Interpretationsmöglichkeiten.

Wenn man seine Umwelt nämlich nur über einen bestimmten Kanal wahrnimmt, wird man auch in seinen Interpretationen auf diese Sinneseindrücke angewiesen sein. Wer aber mit mehreren Kanälen seine Umgebung wahrnimmt, hat auch verschiedene Interpretationsmöglichkeiten zur Verfügung.

**Ein wichtiger Tip: Wenn Sie sich auf einer Reise befinden oder auf dem Weg zur Arbeit oder einfach nur Langeweile haben, können Sie diese kleine Wahrnehmungsübung ausführen**

# Die Wahrnehmung der äußeren Welt und der innere Dialog

## Sind Sie ein außen- oder innengesteuerter Typ?

Viele Menschen klagen über ständigen (äußeren) Streß, der sie beeinträchtigt und ihnen das Leben schwermacht. Sie reagieren vor allem auf äußere Reize wie Geräusche, Lärm, Gespräche und Geschrei oder sie achten darauf, welches Wetter gerade vorherrscht. Sie sind niedergeschlagen, wenn Wolken am Himmel aufziehen und Regen fällt. Andere sind wieder von diesen Reizen relativ unabhängig. Sie wirken, so wie die eine Person im vollbesetzten Bus ruhig und entspannt, egal wo sie sich gerade aufhalten und was um sie herum geschieht.

Sie konzentrieren sich nicht auf das, was um sie herum geschieht, sondern auf das, was sie innerlich spüren oder spüren wollen.

# Reagieren Sie eher auf äußere oder auf innere Reize?

Stellen Sie sich einmal einen Moment lang vor, Sie würden über die Straße vor Ihrem Haus gehen und wären in Gedanken noch mit einer Übung aus diesem Buch beschäftigt. Sie überqueren die Straße, gehen in ein Geschäft und kaufen ein. Nach ein paar Minuten sind Sie wieder zu Hause und wissen gar nicht genau, was Sie eben gemacht haben, weil Sie völlig von den Gedanken an dieses Buch gefangen waren. Sie befanden sich eigentlich gar nicht in der Gegenwart, im Hier und Jetzt, sondern waren in der Vergangenheit, in der Zeit, als Sie noch gelesen hatten.

■ Wenn wir auf innere Reize konzentriert sind, nehmen wir die Außenwelt anders wahr. Eventuell verschwindet sie ganz und wir handeln eher automatisch.

■ Wenn wir auf äußere Reize konzentriert sind, verschwindet ein Teil der Innenwelt und wir entfernen uns von uns selbst.

■ Wenn wir uns in Gedanken mit Dingen beschäftigen, die nichts mit dem zu tun haben, was wir gerade machen, arbeiten innere und äußere Wahrnehmung gegeneinander. Sie befinden sich in Konkurrenz.

■ Wenn wir uns in der Gegenwart von alten Gefühlen leiten lassen, die in unserer Kindheit entstanden sind, befinden wir uns im Zwiespalt mit uns selbst und sind zumindest emotional nicht in der Gegenwart, in der Situation, in der wir uns gerade befinden (zum Beispiel Vorstellungsgespräch und alte Ängste aus der Kindheit).

■ Um diese Störungen der Wahrnehmung besser einschätzen und gegebenenfalls verändern zu können, sollten wir wissen, was für ein Wahrnehmungstyp wir sind. Reagieren wir eher auf innere oder auf äußere Reize? Die nächste Übung hilft Ihnen dabei, das herauszufinden.

**Worauf reagieren Sie?**

**Finden Sie mit den nächsten Übungen heraus, welcher Typ Sie sind**

## Die Innen- und Außenwahrnehmungsübung

■ Stellen Sie kurz Ihr Radio oder den Schallplattenspieler oder Ihren CD-Player an. Legen Sie Ihre Lieblingsplatte auf und drehen Sie die Lautstärke auf eine Stellung, so daß Sie die Musik gerade noch hören können. Schließen Sie nun die Augen und konzentrieren Sie sich auf die Musik. Welche Assoziationen fallen Ihnen ein? Woran denken Sie, wenn Sie diese Musik hören? Gibt es bestimmte Ereignisse, die Ihnen einfallen? Waren diese Ereignisse mit bestimmten Erlebnissen und Gefühlen verbunden?

■ Können Sie sich leicht von der Musik lösen oder fällt es Ihnen eher schwer? Verschwindet die Musik beim Nachdenken über Ereignisse oder Erlebnisse in den Hintergrund und rückt das andere in den Vordergrund? Stehen Sie dann kurz auf und schalten Sie das Gerät ab. Setzen Sie sich wieder auf Ihren Stuhl und nehmen Sie die Übungshaltung ein. Schließen Sie die Augen und konzentrieren Sie sich auf Ihre Atmung. Atmen Sie tief ein und aus. Ein und aus. Spüren Sie dabei dem Atem nach. Begleiten Sie ihn, wie er in Ihren Körper einströmt und sich dort in Ihrer Brust ausbreitet. Spüren Sie ihm nach, wie er sich bis in die Finger- und Fußspitzen ausbreitet.

■ Welche Übung fällt Ihnen leichter? Können Sie sich eher auf die Musik oder eher auf Ihre innere Wahrnehmung konzentrieren? Wenn Sie sich besser auf die Musik konzentrieren können, sind Sie ein externaler Typ, der stark von äußeren Reizen gesteuert wird. Wenn Sie sich eher auf die innere Wahrnehmung konzentrieren können, sind Sie ein internaler Typ mit starker Innenwahrnehmung.

## Achtung!

Es geht hier nicht darum, welcher Typ besser oder schlechter ist, sondern es handelt sich darum, ob Sie Ihre Wahrnehmung so zu steuern in der Lage sind, wie es der momentanen Situation angemessen ist. Schwierigkeiten tauchen dann auf, wenn äußere Situation und innere Wahrnehmung nicht zusammenpassen, wenn sie sich auf verschiedene Zeitebenen beziehen. Welche gefährliche Auswirkungen das haben kann, zeigt das nächste Fallbeispiel.

# Einen Moment lang abwesend gewesen und schon war es passiert

Ist Ihnen das auch schon mal passiert? Sie fahren zu einer Verabredung und sind einige Zeit lang auf der Autobahn unterwegs. Dabei konzentrieren Sie sich zunächst auf den Verkehr und mit einem Mal denken Sie an das bevorstehende Gespräch. Sie sehen Ihren Gesprächspartner vor sich, wenn Sie ihn kennen und das Gespräch läuft so ab, wie Sie es befürchten. Dann nehmen Sie zwischendurch wahr, wo Sie sich gerade befinden: »Ach, da ist ja schon das Kamener Kreuz!« Sie wundern sich, daß Sie schon soweit vorangekommen sind. Sie hatten es vor lauter Nachdenken gar nicht bemerkt. Sie waren automatisch die Strecke entlanggefahren und hatten sie gar nicht mehr bewußt registriert, sondern ein Teil Ihres Bewußtseins fuhr quasi automatisch, während der andere Teil nachdachte.

Sie waren eine Zeitlang innerhalb Ihres Bewußtseins. Meistens geht so etwas gut, aber es kann auch, wie auf dem Photo nachweislich schiefgehen, nämlich dann, wenn wir uns so sehr auf unsere Innenwelt konzentrieren, daß wir die Außenwelt nicht mehr ausreichend wahrnehmen.

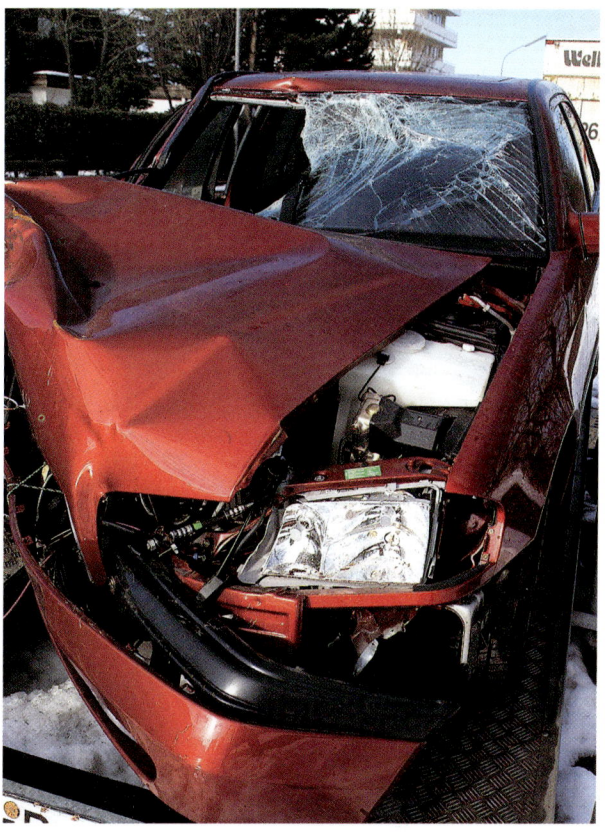

**Wenn wir uns zu sehr auf unsere Innenwelt konzentrieren, kann das böse Folgen haben**

# Ein Fallbeispiel aus meiner Praxis

Frau Siebert, eine 54jährige Unternehmerin, hatte in den letzten zwei Jahren drei Unfälle gehabt, bei denen Sie jeweils einen Moment lang geistig abwesend gewesen war. Bei allen Fahrten handelte es sich um Fahrten zu einem Geschäftsgespräch.

Sie hatte jedes Mal Glück gehabt und bis auf Blechschäden war ihr nichts passiert. Aber natürlich war ihr das Ganze langsam unheimlich geworden und sie hatte durch einen Bekannten die Empfehlung bekommen, ein NLP-Seminar mitzumachen.

Frau Siebert konnte im Seminar zunächst einmal feststellen, daß Sie sehr gut darin war, sich selbst von innen heraus zu motivieren und zu steuern, allerdings hatte sie es da zu einer solchen Meisterschaft gebracht, daß sie, wie in dem obigen Beispiel, häufiger gar nicht mehr richtig wahrnehmen konnte, was um sie herum geschah. Sie hatte eine ihrer Fähigkeiten zu ungunsten von anderen einseitig gefördert, was dazu geführt hatte, daß andere geschwächt wurden.

In den Übungen lernte sie nun, sich selbst und die Situation, in der sie sich gerade befand, realistisch einzuschätzen, ihre Wahrnehmung besser zu steuern und auf alle notwendigen Bereiche zu verteilen.

# Wie nehmen Sie Ihre Umwelt und sich selbst wahr?

▶ Leben Sie im »Hier und Jetzt«?
▶ Sind Sie ein Vergangenheitstyp?
▶ Sind Sie ein Zukunftstyp?
▶ Können Sie Ihre inneren Zustände kontrollieren?
▶ Oder hängt es eher vom Zufall ab, in welchem Zustand Sie sich gerade befinden?
▶ Wechseln Sie öfters, ohne es bewußt zu merken, in eine andere Wahrnehmungsebene?
▶ Wissen Sie schon, wie Ihr Problem hinsichtlich Ihrer Wahrnehmung von sich selbst und Ihrer Umwelt aussieht?

*Drei Wahrnehmungsebenen:*
*1. In der Vergangenheit; 2. In der Gegenwart; 3. In der Zukunft*

# Die Zeitebenen: So können Sie sich immer dort aufhalten, wo Sie es für richtig halten

Eines der größten Probleme, das durch die eigene Wahrnehmung geschaffen werden kann, ist den meisten Menschen gar nicht bewußt. Es handelt sich um die Flucht aus der Gegenwart in die Vergangenheit oder Zukunft.

Wir fühlen uns nicht wohl. Und schon flüchten wir in unserer Phantasie in eine andere Zeit. Wir befinden uns mit einem Mal in der Zukunft und versuchen dort, ein besseres Gefühl zu finden als das, was uns eben noch quälte.

Es geht uns gut. Eine Sache ist uns gut gelungen und eigentlich sollten wir uns so richtig freuen können, aber was tun wir? Wir flüchten aus der angenehmen Situation in die Vergangenheit und quälen uns mit einem Erlebnis, daß uns in schlechte Laune versetzt.

Mit den nächsten Übungen können Sie lernen, wie Sie sich in die richtige Zeitebene in Ihrer Selbstwahrnehmung begeben, um mit sich selbst und Ihrer Umgebung zufrieden zu sein.

### Wann sollten Sie sich in die Vergangenheit begeben?

Wenn Sie an Ihrer Gesamtsituation arbeiten und herausfinden wollen, wie bestimmte Dinge in Ihrem Leben zustan-

de gekommen sind, können Sie sich während einer Übungssituation absichtlich in Ihre Vergangenheit begeben.

### Wann sollten Sie sich in der Gegenwart befinden?

Der Gegenwartsmodus sollte Ihr bevorzugter Modus sein, in dem Sie sich aufhalten. Im »Hier und Jetzt« sind Sie meistens in der richtigen Zeit!

### Wann sollten Sie Ihre Zukunft aufsuchen?

Wenn Sie sich mit Ihren Plänen beschäftigen und diese besser ausarbeiten möchten, sollten Sie in einer Übungssituation Ihre Zukunft gezielt aufsuchen, um mehr über Ihre geheimen Wünsche zu erfahren.

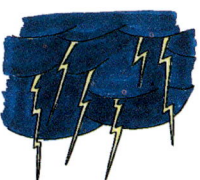

## So können Sie die Zeitebenen nach Bedarf wechseln, um Ihre Wahrnehmung zu korrigieren

**Das nennt man »assoziieren«**

■ Beschriften Sie drei große Blätter Papier jeweils mit dem Begriff »Gegenwart«, »Zukunft«, »Vergangenheit«. Legen Sie diese drei Blätter in einer Reihe, so etwa 1 Meter auseinander. Stellen Sie sich auf das mittlere Blatt mit der Aufschrift »Gegenwart«.

■ Schließen Sie die Augen und stellen Sie sich selbst in dieser Situation vor. Spüren Sie Ihre Füße auf dem Boden. Versuchen Sie fest zu stehen und dies auch zu empfinden.

■ Stellen Sie sich ein Bild von sich selbst auf einer Kinoleinwand vor, wie Sie auf dem Blatt in dem Raum stehen, in dem Sie sich auch tatsächlich befinden.

■ Wechseln Sie nun zwischen den verschiedenen Zeitebenen hin und her, in dem Sie sich eine Situation in der Vergangenheit ausdenken, in die Sie nur für einen Moment zurückkehren wollen und eine aus der Zukunft, die Sie sich wünschen. In der Realität bleiben Sie allerdings auf dem Gegenwartsplatz stehen! Nur Ihre Vorstellungskraft geht auf die Wanderung in der Zeit.

■ Um die Übung abzuschließen, kehren Sie auf jeden Fall geistig wieder auf den Platz »Gegenwart« zurück. Spüren Sie wieder den Boden unter den Füßen, stellen Sie sich vor, wie Sie sich ganz in der Gegenwart befinden und sein Sie wieder Sie selbst voll und ganz im »Hier und Jetzt«. Zählen Sie rückwärts von 5 bis 0 und spannen Sie die Hände zur Faust, öffnen Sie die Fäuste wieder und machen Sie die Augen auf.

## »Loslassen können«
## Befreien Sie sich vom Ballast Ihrer Vergangenheit

Wie gut funktioniert Ihre Wahrnehmung, Ihr Gedächtnis? Erinnern Sie sich noch an Frau Siebert, die Unternehmerin

mit den Autounfällen? Frau Siebert lernte im NLP-Seminar, wie sie nach Bedarf die Zeitebenen wechseln konnte. Aber nicht nur das. Sie lernte auch, sich von Ihrer Vergangenheit zu befreien, indem sie erkannte, was sie dort blockiert hatte und wie sie es loslassen konnte.

Sie können diese Übung ebenfalls machen, das befreit Sie vom Ballast Ihrer Vergangenheit und macht Sie bereit dazu, Ihre Gegenwart ungestörter erleben zu können.

■ Stellen Sie sich auf das Blatt »Gegenwart« und »ankern« Sie sich dort fest, indem Sie sich auf Ihre Füße konzentrieren. Spüren Sie, wie Sie fest in der Gegenwart mit ihnen verankert sind. Spüren Sie dabei auch, wie gut es Ihnen dort geht. Verbinden Sie mit dieser Postion in der Gegenwart angenehme Gefühle.

■ Jetzt lichten Sie Ihren Anker und machen Sie sich (geistig) auf die Reise in eine Situation in Ihrer Vergangenheit. Denken Sie an etwas, was Sie früher erlebten und was Sie heute immer noch beschäftigt. Sehen Sie die Situation »dissoziiert«, indem Sie sich wie auf einer Kinoleinwand betrachten. Sie haben Distanz zu der Situation.

**Das Verbinden von angenehmen Gefühlen und einer Situation oder einer Zeitebene nennt man »ankern«**

**Das befreit Sie vom Ballast Ihrer Vergangenheit**

■ Jetzt springen Sie (geistig) hinein und »assoziieren« sich damit. Fühlen Sie für einen Moment alle Gefühle, die mit der alten Situation zusammenhängen. »Ankern« Sie sich für einen kleinen Moment fest. Vielleicht leiden Sie darunter. Aber keine Angst. Erstens können Sie es aushalten, zweitens können Sie diese Situation gleich wieder verlassen. Lichten Sie Ihren Anker, in dem Sie (geistig) wieder in die Gegenwart zurückkehren. Springen Sie in die Gegenwart zurück, indem Sie sich richtig springen sehen.

■ Kehren Sie auch gefühlsmäßig wieder auf den »Boden der Tatsachen« zurück, indem Sie Ihre Füße wieder auf dem Blatt Papier »Gegenwart« spüren. Nun betrachten Sie aus sicherer Entfernung noch einmal das, was sich eben auf dem Platz der Vergangenheit abgespielt hat. Sehen Sie sich dort stehen, aber bleiben Sie dabei in der Gegenwartsposition. Und nun sagen Sie sich laut: »Ich lasse das alles los. Es gehört zu meinen Erlebnissen, ich werde mich bei Bedarf auch wieder daran zurückerinnern können, aber ich lasse es los. Es beeinträchtigt nicht mehr mein Gegenwartsgefühl!« Wiederholen Sie ruhig den Satz ein paarmal. Hauptsächlich die Stelle: »Ich lasse alles los!«

**»Ich lasse alles los!«**

**Wenn Sie das Gefühl haben, das reicht aber noch nicht, wiederholen Sie die Loslassen-Übung ein paarmal**

## Ein wichtiger Tip zum besseren Üben:

Bleiben Sie jeweils lange genug, etwa drei bis vier Minuten, in den einzelnen Übungssequenzen. Wenn Sie nach Abschluß der Übung jedoch das Gefühl haben, das ist es noch nicht gewesen, dann wiederholen Sie diese Übung noch einmal nach einiger Zeit. Es kann auch sein, daß Sie noch nicht so weit sind, daß Sie noch nicht alle Elemente, die zur Vergangenheit gehören, aufbereitet haben. Vielleicht verbirgt sich noch etwas im Hintergrund. Die folgenden Fragen können Ihnen dabei helfen, solche Situationen besser zu ergründen.

# Fragen, die Ihnen helfen können, besser loslassen zu können:

■ Woran halten Sie sich noch fest?

Manchmal gibt es Situationen, in denen man immer wieder das Gleiche macht und sich auch noch hinterher darüber ärgert. Versuchen Sie zu ergründen, was das unerwünschte Verhalten Ihnen ermöglicht. Welchen Sinn macht es?

■ Wie werden solche Situationen ausgelöst?

Alle wiederkehrenden Ereignisse haben einen gemeinsamen Nenner. Sie werden durch bestimmte Konstellationen in Ihrem Leben ausgelöst. Meistens sind es innere Grundstimmungen oder äußere Reize. Finden Sie heraus, welche Grundstimmungen und Reize Ihre Reaktionen auslösen können.

■ Was tun Sie immer wieder in solchen Situationen?

Das unerwünschte Verhalten, das, was wir immer wieder in solchen Situationen machen, folgt meistens auch einem bestimmten Muster. Finden Sie heraus, was für ein Muster das ist.

■ An welcher Stelle wird Ihnen bewußt, was Sie machen?

An irgendeiner Stelle setzt unser kritisches Bewußtsein ein und stoppt den ganzen Vorgang. Dann reden wir mit uns selbst und machen uns Vorwürfe. Wann steigen Sie aus? Und warum genau an dieser Stelle?

■ Gibt es auch Möglichkeiten, früher etwas zu unternehmen, damit dieser störende Prozeß nicht immer wieder ganz ablaufen kann?

In den meisten Fällen könnte man alles noch stoppen, wenn man es schaffen würde, alles rechtzeitig zu bemerken. Haben Sie schon einmal festgestellt, daß Sie rechtzeitig genug Klarheit über das bekamen,was Sie tun und wollten aussteigen? Wodurch wurde diese Klarheit ausgelöst?

Das »falsche« Verhalten, das wir abschaffen oder ändern wollen, bringt Ihnen irgendwelche Vorteile, sonst würden Sie es nicht immer wieder anwenden. Wissen Sie eigentlich, welche Vorteile das sind?

Wahrscheinlich hilft es Ihnen, einen anderen, unangenehmen Zustand zu verhindern. Versuchen Sie herauszubekommen, wozu das falsche Verhalten Ihnen verhilft und vor allem, was Sie damit vermeiden können?

**Finden Sie heraus, welche Grundstimmungen und Reize Ihre Reaktionen auslösen**

**Was für ein Muster ist das?**

# Feinabstimmung

## So können Sie Ihre Wahrnehmung besser steuern und »Submodalitäten« für Ihre Zwecke einsetzen

Sie haben inzwischen eine ganze Menge über sich und Ihr Verhalten gelernt, was Ihnen helfen kann, sich selbst zu verändern. Dabei lernten Sie die verschiedenen Sinneskanäle und deren Funktionen in bezug auf Ihre Wahrnehmung kennen. Sie wissen inzwischen, daß die Art der Wahrnehmung Ihrer Umwelt entscheidend dazu beitragen kann, wie Sie in sich selbst diese äußere Welt zu einer inneren Landkarte umformen. Dabei gehen Sie nach bestimmten Methoden vor, die sich im Laufe Ihres Lebens durch Ihre Lebenserfahrungen herausgebildet haben.

■ Sie haben sich angewöhnt, die Welt durch bestimmte Filter Ihrer Wahrnehmung zu modifizieren und in sich wieder abzubilden.

■ Im Laufe der Zeit haben sich Muster herausgebildet, mit denen Sie immer wieder umgehen. Irgendwann im Verlauf Ihres Lebens haben Sie bemerkt, daß Ihnen etwas entgeht. Sie haben festgestellt, daß die Art und Weise, in der Sie die Welt wahrnehmen, unvollständig ist.

■ Sie haben bemerkt, daß Ihre Methoden etwas zu grob sind, um mit den vielfältigen Problemen fertigzuwerden. Sie brauchen feinere Instrumente.

■ Sie haben bemerkt, daß noch mehr in Ihnen steckt, daß Sie noch viel mehr Möglichkeiten zur Verfügung haben, die Sie bislang noch gar nicht ausprobiert hatten.

■ Sie haben aber auch bemerkt, daß viele neue Probleme auf Sie zugekommen sind, die Sie mit Ihren alten Methoden nicht mehr bewältigen können.

■ Die Welt um Sie herum hat sich so schnell verändert, daß Sie nicht mitgekommen sind. Die Art und Weise, in der Sie Ihre Umwelt bisher wahrgenommen und bewältigt haben, reicht nicht mehr aus. Sie ist zu eingeschränkt und einseitig.

■ Sie sollte ausgebaut und an die veränderten Verhältnisse angepaßt werden.

■ Alles, was Sie dazu brauchen, steckt schon in Ihnen. Sie besitzen schon heute alles, was Sie brauchen, um mit Ihren Problemen fertigzuwerden. Es muß nur noch besser entwickelt werden. Wie, daß zeigen wir Ihnen jetzt.

## Die eingeschränkte Sichtweise ist unvollständig

Wenn Sie mit Ihren Mitteln bisher eine Situation wahrnahmen, dann war es die eingeschränkte Sichtweise Ihres bevorzugten Wahrnehmungskanals. Wenn Sie bisher ein Hörmensch waren, besteht Ihre innere Landkarte zum größten Teil aus Tönen. Wenn Sie ein Sehmensch waren, aus Bildern und wenn Sie ein Geschackstyp waren, aus Gerüchen und Geschmäckern. Wenn Sie ein Gefühlstyp waren, aus einem Gewirr von Gefühlen. Allen diesen Sichtweisen ist gemeinsam, daß Sie nur einen Ausschnitt repräsentieren.

Aber dieser Ausschnitt kann, wie wir gesehen haben, durch die Benutzung der anderen Sinneskanäle auch erweitert werden.

Dennoch werden auch diese erweiterten inneren Landkarten unvollständig sein. Sie sind zwar größer und vielfältiger als die bisherigen, aber sie sind bei weitem noch nicht vollständig. Sie sind immer noch beeinflußt von der Art und Weise, in der wir bisher die Welt wahrgenommen haben.

**In Ihnen steckt viel mehr, als Sie glauben!**

**In diesem Kapitel kommt es darauf an, zu erkennen, daß unsere bisherige Wahrnehmung so etwas wie eine Grobskizze der Welt war**

## Ein Beispiel für ein begrenztes Wahrnehmungsbild

Erinnern Sie sich noch an das Bild mit dem Autounfall? Wenn sich die Person, die diesen Unfall erlebte, sich daran erinnert, wird sie bestimmte Ausschnitte davon in ihrem Gedächtnis behalten haben. Diese Ausschnitte haben aber auch eine begrenzte Qualtität, die von dem Muster der Wahrnehmung der Person abhängig ist. Meistens sind es bestimmte Anteile des Vorfalls, an die man sich erinnert. Man hat ein bestimmtes Bild im Kopf, auf dem wichtige Teile der Erinnerung zu sehen sind. Dieses Bild stellt aber immer nur einen Ausschnitt dar.

**Erweitern Sie Ihre inneren Landkarten**

Vielleicht erinnerte sich diese Frau nur an die Zeit des Zusammenpralls, an die damit verbundenen Schockerlebnisse, an den Ruck, den Krach, das Hinundherschleudern, das Quietschen der Reifen. Vielleicht erinnert Sie sich aber auch an die Zeit nach dem Unfall, während Sie draußen hin und her lief und auf den Krankenwagen und auf die Polizei wartete. Diese Bilder sind immer nur eine Zeit-

sequenz, sie sind ein zeitlicher Ausschnitt, der als Photo im Kopf festgehalten wird und eine bestimmte Größe hat. Diese Größen bilden den Rahmen unserer Wahrnehmung.

Im NLP nennt man diesen Rahmen »frame«. Die Größe des Rahmens begrenzt das Bild in unserem Kopf und schließt alles aus, was sich außerhalb des Rahmens befindet.

# In der Wirklichkeit existiert kein Rahmen, der einschränkt

Mit dem Einrahmen von Erinnerungen schaffen wir es, komplexe Situationen auf ein paar Informationen zu beschränken. Das kaputte Auto, die Geräusche des Unfalls, der Abschleppwagen, die Polizei. Die Art, wie wir unsere Wahrnehmung einschränken, hängt natürlich von unseren Erfahrungen ab. Wir haben auf irgendeine Weise gelernt, unsere Umwelt wahrzunehmen und unsere Erfahrungen zu filtern. Wir filtern alles heraus, was wir glauben, nicht zu brauchen. Genauer gesagt: Wir filtern (unbewußt) alles heraus, wovor wir uns fürchten könnten oder was unsere bisherige Sichtweise der Welt stören könnte. Wenn also etwas außerhalb des Rahmens liegen könnte, das unser bisheriges Bild stören könnte, dann sehen wir es nicht, weil wir den Rahmen unserer Wahrnehmung so verkleinern, daß es nicht mehr auf dem Bild ist. Vor dem Unfall hatte Frau Siebert sich intensiv mit anderen Problemen befaßt und sich so beim Fahren abgelenkt. Das würde sie auf Ihrem Erinnerungsbild an den Unfall aber nicht sehen, weil ihr Erinnerungsbild durch den zeitlichen Rahmen (nach dem Unfall) eingegrenzt ist. Sie filtert sozusagen die Vergangenheit

und ihren eigenen Anteil an diesem Unfall heraus und kann sich so selbst als Ursache aus dem Spiel halten.

## So kann man den Rahmen verkleinern

■ Durch zeitliche Sequentierung blenden wir bestimmte Teile aus.
■ Durch Bevorzugung einer bestimmten Wahrnehmungsart blenden wir bestimmte Empfindungen aus.
■ Durch Verkleinerung unserer Wahrnehmungsmuster (nur wenige Geräusche, die wir leise hören; durch dunkle Farben, zum Beispiel Schwarz-Weiß-Bilder, schließen wir bunte Bilder aus; durch einzelne Gerüche, die wir wahrnehmen und andere, die einfach ausgeblendet werden).

## So kann man den Rahmen vergrößern

■ Durch Komplettierungen (Wir sehen wie in einem Film alle Sequenzen von Anfang an).
■ Durch Erweiterung der Wahrnehmungsarten (Wir sehen, hören, riechen, schmecken und fühlen die Situation so komplett wie möglich).
■ Durch Vergrößerung der Wahrnehmungsmuster (Wir vergrößern den Bildrahmen, sehen auch Bestandteile außerhalb des Bildes und sehen sie in Farbe).

**Die Größe des Rahmens schränkt Ihre Wahrnehmung ein**

**Unsere Erinnerungsbilder sind nur kleine Ausschnitte aus der Wirklichkeit. Sie sind durch einen engen Rahmen begrenzt. Diesen Rahmen nennt man im NLP »frame«**

## Welche Submodalitäten verwenden Sie, um Ihre Wahrnehmung einzuschränken?

| "WAHRNEHMUNGSKANÄLE UND BEISPIELE" | "ERGEBNIS 1 (ANGENEHM)" | "ERGEBNIS 2 (UNANGENEHM)" |
|---|---|---|
| **"VISUELL"** <br> IST DAS BILD DIREKT VOR MIR ODER MEHR RECHTS ODER LINKS IM RAUM? IST ES EIN STILL ............? U.S.W. <br><br> **"AUDITIV"** <br> NEHME ICH ZU DEM, WAS ICH SEHE AUCH NOCH GERÄUSCHE WAHR? KANN ICH STIMMEN ODER ......? U.S.W. <br><br> **"KINÄSTHETISCH"** <br> WENN SIE SICH GEFÜHLMÄSSIG AUF DAS ERLEBEN DER SITUATION EINLASSEN, WAS SPÜREN SIE? WELCHES GEFÜHL..........? U.S.W. | | |

### Machen Sie sich eine Liste der bevorzugten Submodalitäten

■ Am besten nehmen Sie sich ein großes Blatt Schreibmaschinenpapier. Legen Sie es quer vor sich hin und tragen Sie wie auf dem Bild oben in die erste große Spalte die Überschrift »Wahrnehmungskanäle und Beispiele« ein. In die zweite, etwas kleinere Spalte schreiben Sie »Ereignis 1 (angenehm)«, in die dritte Spalte »Ereignis 2 (unangenehm)«.

■ Schreiben Sie unter die Überschrift der ersten Spalte »Visuell« und darunter jeweils diese Fragen: Ist das Bild direkt vor mir oder mehr rechts oder links im Raum? Ist es ein stillstehendes Photo oder ein laufender Film oder eine Abfolge von Bildern (Dias)? Sehe ich es in Schwarz-Weiß oder in Farbe? Ist es scharf oder unscharf konturiert? Sehe ich mehr in den Hintergrund

**Machen Sie sich eine Liste der Submodalitäten**

oder in den Vordergrund des Bildes? Ist es eher hell oder dunkel? Wo ist die Lichtquelle? In welcher Entfernung befinde ich mich zum Bild? Bin ich mittendrin oder draußen?

■ Schreiben Sie unter »Visuell« das Wort »Auditiv« und darunter die folgenden Fragen: Nehme ich zu dem, was ich sehe, auch noch Geräusche wahr? Kann ich Stimme oder andere Klänge hören? Was hat es mit der Lautstärke auf sich? Ist es eher leiser oder lauter oder genau wie in der Realität? Nehmen Sie sie mit einem oder mit beiden Ohren wahr? Hören Sie die Töne klar und deutlich oder unklar und diffus? Wenn Sie Stimmen hören, zu wem gehören diese? Handelt es sich dabei um Ihre eigene Stimme oder die anderer Personen? Von wo kommen die Töne? Von vorn, von hinten, von der Seite? Von links oder von rechts? Oder eher von oben oder von unten? Wie ist das Tempo? Eher langsam und geruhsam oder unruhig und schnell?

■ Schreiben Sie unter »Auditiv« »Kinästhetisch« und darunter die folgenden Fragen: Wenn Sie sich gefühlsmäßig auf das Erleben der Situation einlassen, was spüren Sie? Welches Gefühl dominiert Sie? Wo genau spüren Sie dieses Gefühl? Eher im Bauch oder in der Brust? In den Schultern, in den Armen oder in den Beinen oder einfach überall? Wie macht sich dieses Gefühl bemerkbar? Zieht es sich zusammen oder dehnt es sich aus? Spüren Sie einen Druck oder eine Spannung oder ist es mit Leichtigkeit verbunden? Handelt es sich um ein oberflächliches oder um ein sehr tiefes Gefühl? Wie sieht es mit der Temperatur aus? Fühlt es sich heiß oder kalt an?

■ Schreiben Sie unter »Kinästhetisch« die Begriffe »Geruch/Geschmack« und darunter die folgenden Fragen: Nehmen Sie einen Geruch wahr? Gib es einen dazugehörigen Geschmack? Süß oder sauer? Bitter oder salzig? Erinnern Sie sich an etwas, was so riecht oder schmeckt?

**Wie nehme ich visuell wahr?**

**Wie nehmen Sie auditiv wahr?**

**Wie nehme ich kinästhetisch wahr?**

**Der Geruch und der Geschmack**

# Eine unangenehme
# Situation verändern

**So können Sie eine unangenehme Situation mit Hilfe von Submodalitäten verändern!**

■ Denken Sie an zwei Ereignisse aus Ihrem Leben. Eines sollte unangenehm, eines angenehm sein. Halten Sie diese beiden Ereignisse in Ihrem Gedächtnis fest, indem Sie sie mit einem Begriff codieren, zum Beispiel »Der Autounfall« oder »Das Festival« oder …

■ Denken Sie nun an das erste, angenehme Ereignis. Schließen Sie dabei ruhig die Augen und lassen Sie sich ganz auf dieses Ereignis ein. Versuchen Sie, sich ganz in diese Situation einzulassen.

▶ Nun öffnen Sie die Augen und nehmen Ihre Submodalitätenliste in die Hand. Lesen Sie sich die erste Frage unter »Visuell« durch.

▶ Jetzt schließen Sie wieder die Augen und versuchen, der Frage entsprechend, Ihre Aufmerksamkeit wieder auf das angenehme Erlebnis zu lenken.

▶ Sehen Sie das Bild vor sich oder befindet es sich eher links oder rechts von Ihnen im Raum?

■ Öffnen Sie wieder die Augen und notieren Sie sich die Antworten auf die erste Frage in die Spalte »Ereignis 1 (angenehm)«. Auf diese Art und Weise gehen Sie alle Wahrnehmungsbereiche hinsichtlich Ihres Beispiels durch. Machen Sie Ihre Notizen, lesen Sie dann die nächste Frage, schließen Sie wieder die Augen und versuchen Sie mit Ihrer Wahrnehmung jeweils die Fragen zu beantworten. Auf diese Weise bekommen Sie sehr genau heraus, auf welche Weise mit welchen Submodalitäten Sie wahrnehmen.

■ Jetzt denken Sie an das unangenehme Ereignis, das Sie sich anfangs ausgesucht haben. Bitte achten Sie darauf, daß Sie kein Beispiel wählen, das Sie schon lange quält und beschäftigt. Ihre ersten Erfahrungen sollten Sie mit kleineren »Kalibern« machen. Später, wenn Sie schon einige Erfahrungen damit haben, können Sie zu schwereren Übungen übergehen. Gehen Sie bei der Aufarbeitung des Erleb-

nisses genauso vor, wie beim angenehmen Ereignis. Tragen Sie die Ergebnisse in Spalte 2 (unangenehm)« ein.

■ Vergleichen Sie nun die beiden Spalten »unangenehm/angenehm« miteinander. Wie unterscheiden Sie sich? Welche Submodalitäten sind anders?

**Notieren Sie alle Submodalitäten, indem Sie erst üben, dann Notizen machen**

■ Nun sollten Sie üben, die angenehmen Submodalitäten auf eine unangenehme Situation zu übertragen. Dabei können Sie so vorgehen:

▶ Schließen Sie wieder die Augen und rufen Ihr unangenehmes Ereignis auf und verändern Sie langsam die Situation mit den positiven Submodalitäten.

▶ In der unangenehmen Situation ist Ihr Bild vielleicht schwarz-weiß, stillstehend und starr. In der angenehmen Situation war es farbig, beweglich und es schmeckte gut.

▶ Übertragen Sie nun diese Wahrnehmungsqualitäten auf das unangenehme Ereignis.

▶ Machen Sie das unangenehme Ereignis farbig, hell, bewegt und sehr gut schmeckend. Lassen Sie es sich bewegen und versehen Sie es dann mit positiven Klängen.

▶ Wie hat sich nun durch die anderen Wahrnehmungmodalitäten die Gesamtsituation verändert?

**Jetzt verändern Sie die Situation mit den positiven Submodalitäten**

# Ein Fallbeispiel aus meiner Praxis

**So ließ sich das alte Bild neu gestalten. Das Ergebnis: Auch die Gefühle und Gedanken zu diesem Bild veränderten sich. Das Ereignis wurde nun positiver eingeschätzt**

Ein junges Mädchen, die 19jährige Sabine, hatte in dieser Übung zunächst einen kleinen Autounfall gewählt. Sie hatte auf einem Parkplatz beim Einparken ein anderes Auto gerammt.

Es war aber nichts passiert. Die Stoßstange aus Kunststoff hatte Schlimmeres verhindert. Sabine sah dieses Bild in ihrer Übung schwarz-weiß. Das Bild war klein und sie befand sich außerhalb des Bildes, wie eine Beobachterin. Alles war unscharf. Sie schmeckte in dieser Situation Salz auf ihren Lippen. Durch die Übung gelang es ihr, das Bild in Farbe zu versetzen, es bunt und farbig zu gestalten. Sie ließ es wie einen beweglichen Film ablaufen und schmeckte Gummibärchen in ihrem Mund. Sie versetzte das Ganze mit einer Rock-Musik. Das Ergebnis: Erst als sie die unangenehmen Submodalitäten

durch angenehme austauschte, konnte sie die ganze Situation als weniger gefährlich und nicht so schlimm erleben. Erst durch diese Übung bemerkte sie, daß im Grunde genommen gar nichts passiert war. Es war niemand zu Schaden gekommen und den beiden Autos fehlte auch nichts!

Dadurch war die Situation entschärft und nicht mehr Angst auslösend. Im Gegenteil: Sie konnte es nun als ungefährlichen Zwischenfall, der auch noch etwas lustig war, abbuchen und als Warnung, es später in ähnlichen Situationen nicht so weit kommen zu lassen.

Fühlte sie sich durch das schwarzweiße, stillstehende Bild gelähmt und hilflos, so erlebte sie sich nach dem Verändern der Submodalitäten als agil und handelnd, und sie hatte gute Laune.

# So können Sie Ihre inneren Selbstgespräche, den inneren Dialog, verändern

Auch bei dieser Übung können Sie wieder schrittweise vorgehen. Lesen Sie einen Schritt, machen Sie dann die entsprechende Übung und lesen Sie den nächsten Schritt usw. Die Übung selbst dauert etwa 15 bis 20 Minuten.

■ Denken Sie an eine Situation, in der Sie sich ständig selbst kritisieren. Erinnern Sie sich noch an Sabine? Sie hatte sich natürlich während und nach dem kleinen Parkplatzunfall selbst Vorwürfe gemacht und sich ständig abgewertet. Können Sie sich an eine ähnliche Situation erinnern?

▶ Fragen Sie sich: Wer kritisiert mich da eigentlich? Kenne ich diese Stimme? Ist es meine eigene oder spricht dort jemand anderer mit mir?

▶ Achten Sie besonders auf die Tonlage, auf die Art und Weise, wie Sie mit sich selbst sprechen. Was für ein Rhythmus ist das? Ist es eine »fiese«, abwertende Sprache? Ist sie scharf und zurechtweisend?

■ Nun denken Sie an eine angenehme Situation, in der Sie gelobt wurden. Erinnern Sie sich an den Menschen, der Sie lobte, der angenehme, positive Worte zu Ihnen sagte.

▶ Versuchen Sie genau die Tonlage zu treffen, in der diese lobenden Worte gesagt wurden. Erinnern Sie sich an die Art und Weise, in der das geschah. War es eine angenehme, warme Stimme?

▶ Versuchen Sie Klang, Rhythmus und Tonfall genau zu hören und zu spüren.

■ Übertragen Sie nun die angenehme Stimme mit ihren als angenehm empfundenen Worten auf Ihre unangenehme Situation. Erleben Sie, wie sich die Situation dadurch verändert. Erleben Sie, wie die kritische Stimme sich anders anhört, wenn sie ihren Klang, ihre Intention verändert. Die Worte bleiben gleich, aber der ganze Tonfall verändert sich. Und damit verändert sich auch Ihre Empfindung der Situation. Erleben Sie, wie allein durch die Veränderung des Klangs der Stimme sich die ganze Situation verändert.

**Denken Sie jetzt an eine angenehme Situation, in der Sie gelobt wurden**

**Hat sich die Situation durch die Übung verändert? Hat sich der Klang der kritischen Stimme verändert?**

**Wie entstehen die kritischen Selbstgespräche und welche Folgen für unser Handeln ergeben sich, wenn wir sie verändern?**

Innere Stimmen sind die Stimmen der allmächtigen Eltern

■ Ob wir in bestimmten Situationen eine kritische Stimme in unserem Innern hören, die uns ausschimpft oder ob wir ermutigende Worte hören, hängt vor allem davon ab, wie unsere Eltern früher hauptsächlich mit uns umgegangen sind.

Meistens haben wir sehr kritische Eltern gehabt. Das hängt mit dem Alter und der Zeit, in der wir leben, zusammen. Die Generationen um den Zweiten Weltkrieg herum und danach, lebten vor allem nach Prinzipien wie Ordnung und Sauberkeit, Disziplin und Anpassung. Das Ergebnis dieser kulturellen Werte waren Eltern, die sehr darauf achteten, daß ihre Kind auch ja alles »richtig« machten.

■ Strenge, unachgiebige Eltern erziehen ihre Kinder zu Menschen, die sich selbst später sehr unter Druck setzen. Das Ergebnis einer solchen Erziehung ist in der Regel die spätere Übernahme der elterlichen Werte und Normen (und der elterlichen Stimmen) in das eigene Werte- und Normensystem. Aus der elterlichen Stimme, die sagte »Du kannst das nicht!« wird im Laufe des Erwachsenwerdens die eigenen Stimme, die sagt »Ich kann das nicht!«. Wir internalisieren (so nennt das der Psychologe), die elterlichen Werte und Vorstellungen und machen sie so zu unseren eigenen. Allerdings kommen noch individuelle Eigenheiten dazu.

■ Sobald wir erkennen, daß man diese inneren Stimmen mit Hilfe der Submodalitäten aus den vorhergegebenen Übungen ändern kann, verändert sich auch unsere Situations- und Gefühlswahrnehmung. Aus der kritischen Stimme machen wir durch das Hinzufügen von anderen Tonlagen und Stimmungen eine ermunternde Stimme. Diese regt uns an, uns nicht abzuwerten, sondern zu ermutigen!

■ Ein wichtiger Tip: Wenn Sie das Buch bis hierher durchgearbeitet und das Gefühl haben, die wichtigsten Techniken verstanden zu haben, können Sie gleich mit dem nächsten Teil, dem Gesundheits-NLP, weitermachen. Wenn Sie aber der Meinung sind, noch nicht alles verstanden zu haben, sollten Sie erst einige Übungen wiederholen, bevor Sie sich an die Gesundheitsübungen machen.

■ Wenn Sie die letzten Übungen mehrfach durchgeführt haben, können Sie davon ausgehen, daß Sie fit für den Gesundheitsteil dieses Buches sind. Im nächsten Teil: »Von Kopf bis Fuß – gesund mit NLP« können Sie lernen, die wichtigsten NLP-Techniken einzusetzen, um entweder Krankheiten vorzubeugen, sie zu reduzieren und zu vermindern oder sie ganz zu verhindern. Dieses Kapitel ist so aufgebaut, daß Sie sich vom Kopf bis zu den Füßen mit den häufigsten (psychosomatischen) Krankheiten auseinander setzen können.

**Wir übernehmen die Werte unserer Eltern, ohne es recht zu merken, und wir kritisieren uns später mit ihren Worten selbst!**

**Das Ändern der akustischen Submodalitäten verändert die ganze Situation**

# Von Kopf bis Fuß – gesund mit NLP

## Die Botschaft der Beschwerden erkennen

Viele Menschen leiden unter bestimmten Beschwerden, zum Beispiel Kopfschmerzen, ohne zu wissen, daß gerade diese Kopfschmerzen einen Selbstheilungsmechanismus darstellen.

Der menschliche Organismus reagiert auf äußere oder innere Belastungen, in-

dem er gegensteuert. Wenn wir diese Signale unseres Körpers nicht erkennen können und uns nur auf die Beseitigung der störenden Symptome konzentrieren, werden wir krank. Diese Menschen sind in einer Sichtweise ihrer Symptome gefangen, die im NLP »Lösungen erster Ordnung« genannt werden. Wir halten die meisten Symptome, die uns quälen, für störend. Dabei übersehen wir die Botschaft der Beschwerden.

In diesem Teil des Buches »Von Kopf bis Fuß – gesund mit NLP« lernen Sie die häufigsten psychosomatischen Krankheiten und ihre Ursachen und Symptome kennen, und Sie erfahren, wie Sie diesen vorbeugen oder sie behandeln können. Mit Hilfe der bisher erlernten NLP-Methoden können Sie die wahre Botschaft verschiedener Beschwerden verstehen und und so hinter den Sinn der Symptome kommen. Das ist die Voraussetzung, um die Bedürfnisse des eigenen Körpers besser verstehen zu können und ihm bei der Befriedigung der Bedürfnisse zu helfen.

## Die falsche »Lösung«

Unser Organismus ist so angelegt, daß er sich nicht nur selbst helfen, sondern sich auch selbst regulieren und steuern kann. Verschiedene Organsysteme, vom Gehirn, der Leitzentrale, über die lebenserhaltenden Organe wie Herz und Lungen, bis zum Verdauungssystem, erfüllen sie den Zweck, uns am Leben zu erhalten. Sie stehen miteinander in enger Verbindung und steuern sich gegenseitig. Ist nun eines dieser Organsystem aus irgendeinem Grund erkrankt und nicht mehr so leistungsfähig, versuchen andere Systeme auszugleichen oder gegenzusteuern.

Wenn man zum Beispiel an einer Verdauungsstörung leidet und nicht mehr genügend Nahrung aufnehmen kann, schaltet der restliche Organismus auf »Sparflamme«, das heißt er reduziert auch die anderen Organfunktionen. Das Herz schlägt langsamer, der Blutdruck sinkt ab, die Bereitschaft, aktiv zu werden, weicht dem Bedürfnis sich zurückzuziehen und sich hinzulegen. Dann brauchen wir nicht mehr so viel Energie (und auch nicht mehr so viel zu essen). Leider handeln die meisten von uns aber nicht so, daß wir den verborgenen Sinn hinter unseren Krankheitssymptomen erkennen und uns entsprechend verhalten, sondern sie kämpfen gegen die Symptome an. Das bedeutet aber auch nichts anderes, als daß sie gegen sich selbst und ihren Organismus kämpfen.

**Die folgenden Gesundheits-übungen sollten Sie erst durchführen, wenn Sie alle NLP-Übungen aus dem Basis- und Fortgeschrittenenkurs gut beherrschen.**

# Ein Fallbeispiel aus der Praxis

Angela Krämer, 29 Jahre alt, arbeitete als Büroleiterin einer großen Versicherungsgesellschaft. Sie litt seit mehreren Jahren unter starken Kopfschmerzen und suchte verschiedene Ärzte auf. Vom Hausarzt bekam sie Schmerzmittel und eine Überweisung zum Facharzt, nachdem die Schmerzen trotz Medikation nicht geringer wurden.

Aber wohin sie sich auch wandte, keiner konnte ihr helfen.

**Über den bisherigen, einengenden Rahmen hinausdenken**

Nach einem jahrelangen Leidensweg geriet sie an einen Arzt, der ihr riet, sich in eine psychosomatische Klinik zu begeben. Dort unterzog sich Frau Krämer einer Psychotherapie, in der sie lernen konnte, die Botschaften ihrer Beschwerden anders als bisher zu deuten.

Frau Krämer lernte mit Hilfe der Therapeuten über ihren bisherigen Lösungsrahmen, (»Ich bekämpfe die Krankheit mit Hilfe der Medizin und Pharmazie«) hinauszugehen und nach neuen, völlig anderen Lösungswegen zu suchen.

Frau Krämer verließ die alten Lösungswege, dachte über den bisherigen, einengenden Rahmen hinaus und kam zu unerwarteten Erkenntnissen, die ihr helfen konnten, mit ihren Schmerzen anders als bisher fertigzuwerden. Als Folge dieser Behandlung verschwanden die Kopfschmerzen.

# Was ist überhaupt psychosomatisch?

Unter Psychosomatik verstehen wir Beschwerden, Störungen oder Krankheiten, die durch die Psyche, durch die Seele, mitverursacht oder allein ausgelöst werden. Leider herrscht in unserer Gesellschaft häufig das Vorurteil, wer psychosomatisch krank sei, sei verrückt. Viele Patienten lehnen die Diagnose »psychosomatisch« ab, weil sie glauben, damit würden sie zum Verrückten gestempelt. Dabei sind die Zusammenhänge von psychosomatischen Erkrankungen gar nicht so schwer zu verstehen: Der Volksmund kennt psychosomatische Erkenntnisse schon seit Jahrhunderten, lange bevor die moderne Medizin diese Zusammenhänge wissenschaftlich erforscht hat. »Ärger schlägt auf den Magen« oder »Da bleibt mir die Luft weg!« oder »Sich den Kopf zerbrechen« oder »Die Nase voll haben« weisen deutlich auf den Zusammenhang zwischen seelischen Stimmungen und körperlichen Symptomen hin. Am Beispiel der Kopfschmerzen lassen sich diese Vorgänge gut nachvollziehen.

## Physiologische Vorgänge bei Kopfschmerzen

Ein bestimmtes Ereignis, zum Beispiel äußere oder innere Stressoren (Belastungen), kann körperliche Reaktionen auslösen.

Die Sinnesorgane nehmen einen Stressor wahr, leiten eine Nachricht an das Nervensystem, hier den Sympathikus, weiter, der wiederum sofort für eine Engstellung der Arterien und Ateriolen sorgt, die den Kopf von außen und innen versorgen. Das führt zu einer Hypoxie, einer verminderten Versorgung des Gehirns mit Sauerstoff.

Diese allein könnte schon Kopfschmerzen auslösen. Aber in Wirklichkeit sind die gesamten physiologischen Vorgänge um die Entstehung der Kopfschmerzen noch viel komplexer.

Eine Vielzahl von gegensteuernden Systemen auf der Hirnstoffwechselebene versucht in diese Prozesse einzugreifen. Es kann zu einer weiteren Verengung von Gefäßquerschnitten durch parallel ablaufende Vorgänge kommen, aber auch ebenso zu einer Erweiterung der Gefäße. Die Folge all dieser Vorgänge ist aber meistens eine Blutarmut im Gehirn. Diese wiederum führt zu einer Azidose, einer Störung des Säure-Basengleichgewichts im Gehirn. All diese Prozesse können Schmerzempfindungen auslösen. Stark vereinfacht könnte man auch sagen: Die Art und Weise, wie Menschen Belastungen wahrnehmen, kann zu schweren Kopfschmerzattacken oder anderen Symptomen führen. Ein Mensch, der zum Beispiel unter seelischen Problemen leidet, wie sich das auch bei Frau Krämer in der psychosomatischen Therapie herauskristallisierte, reagiert zunächst mit untauglichen Methoden auf die Symptome, ohne zu bemerken, wodurch diese eigentlich ausgelöst werden. Erst wenn durch bestimmte Umstände eine Situation geschaffen wird, die den bisherigen Denk- und Wahrnehmungsrahmen erweitert, kann man auch zu neuen Lösungsmöglichkeiten kommen.

## Problemlösungsablauf

■ Es besteht ein Problem, zum Beispiel berufliche Belastung oder familiäre Probleme.

■ Die Situation wird als bedrohlich erlebt, weil sie die vorhandenen Kompetenzen übersteigt.

■ Eine Streßreaktion des Körpers setzt ein.

■ Schmerzen oder andere Symptome treten auf.

■ Erst das Erkennen dieser Zusammenhänge (Ereignis = Verarbeitung = Symptom) eröffnet neue Lösungen.

### Die richtige Lösung

**Damit sprengen wir den engen Rahmen und erweitern unsere Wahrnehmung beträchtlich**

Es gilt, nicht das unangenehme Schmerzsymptom mit Medikamenten oder anderen Methoden zu bekämpfen, sondern zunächst die Sprache des Symptoms zu entschlüsseln. Kopfschmerzen sprechen zudem noch eine deutliche, drastische, unüberhörbare Sprache. Wenn man es schafft, sich zu fragen, was die Kopfschmerzen mir sagen wollen, dann ist schon viel erreicht. Dann verlassen wir den engen Rahmen der ausschließlichen Symptombehandlung und wenden uns den Ursachen und damit auch einer Lösung unserer Schwierigkeiten zu. Wir verlassen damit den engen Rahmen unserer ersten Wahrnehmung und erweitern den Rahmen. Nicht mehr das Ergebnis, die Schmerzen, stehen im Mittelpunkt und grenzen unseren Wahrnehmungsrahmen unnötig ein, sondern die Auslöser der Schmerzen, die Ursachen, werden ins Auge gefaßt.

Die Botschaft, die in dem Symptom Kopfschmerzen enthalten ist, läßt sich durch die Auswirkungen verstehen: Wer Kopfschmerzen hat, zieht sich zurück. Er entflieht der auslösenden Situation. Insofern ergeben Kopfschmerzen auch einen Sinn. Sie führen dazu, daß wir uns aus der streßauslösenden Situation entfernen. Ein weiterer Hinweis liegt in der Unmöglichkeit begründet, mit Kopfschmerzen nachdenken zu können. Das Gehirn erzwingt sich über die Schmerzen anscheinend eine notwendige Ruhepause!

Ist die Botschaft des Symptoms nicht störend bei einer Lösung des Problems?

Nur auf den ersten Blick handelt es sich hier um einen Widerspruch zum bisher gesagten. Denn natürlich soll niemand mit starken Kopfschmerzen sich sofort daran machen, nach Lösungen zu suchen, auch wenn das vielleicht wirkungsvoll und erfolgversprechend erscheint. Er oder sie würde damit gegen die Symptome handeln, was diese mit einer Schmerzverstärkung beantworten würden, um damit noch stärker auf sich aufmerksam zu machen.

Natürlich sollen wir zunächst einmal dem Symptom und dem, was es uns sagen will, Rechnung tragen. Also bei Schmerzattacken, die so schwer sind, daß wir nicht mehr denken (können sollen), ziehen Sie sich am besten aus einer angespannten Situation zurück und nehmen sich die Zeit und Ruhe, die Ihr Gehirn von Ihnen fordert. Bei unerträglichen Schmerzen dürfen natürlich auch Schmerzmittel, möglichst aber nicht selbständig rezeptfrei, sondern unter Aufsicht des behan-

**Die Botschaft des Symptoms erkennen**

## Die Botschaft des Symptoms Kopfschmerzen

- Ziehe dich zurück!
- Schaffe Ruhe!
- Denke nicht!

delnden Arztes, genommen werden. Nur sollte man dann nicht glauben, daß damit das Problem gelöst wäre. Wir bekommen dadurch nur die Chance, nun an die Ursachen zu gehen. Auf die Suche nach den Ursachen sollte man sich dann machen, wenn die Schmerzen vorrüber sind.

**»Wer nicht hören will, muß fühlen!«**

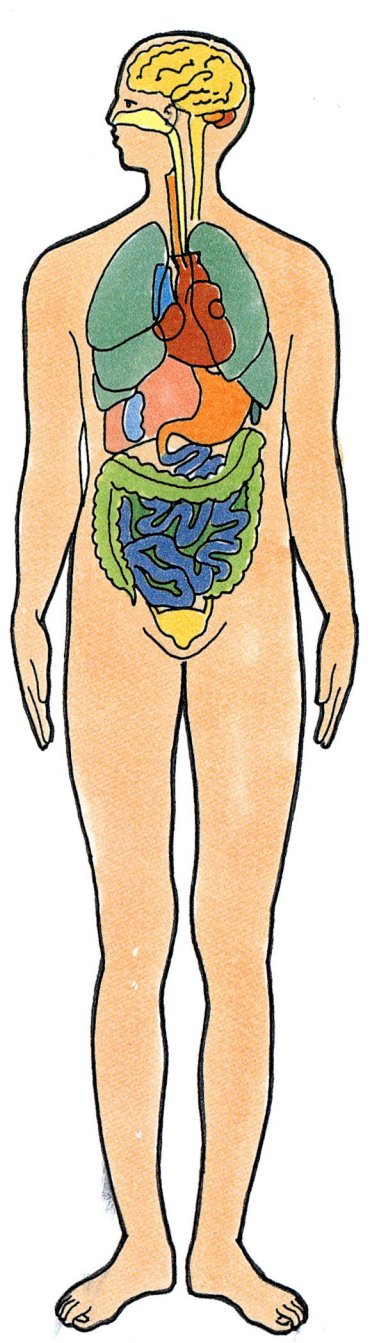

## So können Sie sich bei vielen psychosomatischen Erkrankungen selbst helfen

Auf den nächsten Seiten finden Sie jeweils einen körperlichen Bereich gekennzeichnet, in dem verschiedene psychosomatische Störungen oder Erkrankungen auftreten können. Das Ganze beginnt mit dem Kopf, führt über den Hals zur Brust, zum Bauch, zu den Beinnen, bis zu den Füßen. Wenn Sie also unter bestimmten Symptomen leiden, suchen Sie im Inhaltsverzeichnis nach der Körperpartie, in der das Symptom auftritt. Dort finden Sie unter verschiedenen wichtigen Überschriften einen ersten Überblick über die Krankheit:

1. Beschreibung der wichtigsten Beschwerden, es folgt eine Auflistung,

2. möglichen Ursachen,

3. Einschätzung des Erkrankungsrisikos, für den Fall, daß man nichts unternimmt, versuchen wir die möglichen

4. Folgen und Auswirkungen, die weiteren Komplikationen zu beschreiben. Danach beschäftigen wir uns mit den

5. Möglichkeiten der Vorbeugung und einem Hinweis, wann Sie auf jeden Fall einen

6. Arzt aufsuchen sollten. Ein weiteres Unterkapitel beschäftigt sich mit den

7. Möglichkeiten der Selbsthilfe durch NLP-Übungen.

# Vorgehensweise

■ Lesen Sie zunächst alles über die entsprechende Krankheit durch. Dann führen Sie die vorgeschlagenen Übungsschritte einzeln durch. Bei allen Übungen handelt es sich um mehrere Übungsschritte, die über einen längeren Zeitraum kontinuierlich durchgeführt werden müssen. Regelmäßiges Übungen beschleunigt den Erfolg, unregelmäßiges Üben verlangsamt ihn. Wer nur ab und zu übt, sollte diese Zeit besser anders verplanen. Unregelmäßige Übungen erbringen kaum gute Ergebnisse.

■ Legen Sie sich über den Verlauf der Übungen und Ihrer Fortschritte einen **Ordner** an, in dem Sie sich alles wichtige notieren. Bei den meisten Übungen brauchen Sie ohnehin Papier und Bleistift, um sich Notizen zu machen.

■ Um Ihren Erfolg schnell und präzise bestimmen zu können, sollten Sie ein **Beschwerdentage- buch** führen. Es gibt Ihnen nicht nur Aufschlüsse über mögliche Ursachen und Hintergründe Ihrer Erkrankung, sondern zeigt Ihnen auch den Verlauf der Besserung durch die NLP-Selbstbehandlung.

## So sieht ein einfaches Beschwerdentagebuch aus

## Beschwerdentagebuch

| Zeit/Datum | Situation | Symptom | Stärke | Selbsthilfe | Stärke |
|---|---|---|---|---|---|
| 05 Uhr | Frühstück | Ja | 9 | Entspannung | 5 |
| 06 Uhr | Fahrt zur Arbeit | Ja | 9 | Übung | 5 |
| 07 Uhr | Auf der Arbeit | | 0 | Pause | 0 |
| 08 Uhr | | Ja | 4 | Weiterarbeiten | 4 |
| etc. bis wieder | | | | | |
| 05 Uhr | | | | | |

**Das bedeuten die einzelnen Überschriften im Beschwerdentagebuch**

Das bedeuten die einzelnen Spalten: »Zeit/Datum«: Hier tragen Sie das Tagesdatum ein, und die jeweilige Tageszeit von morgens, zu welcher Zeit Sie aufstehen, bis abends, wenn Sie ins Bett gehen. Insgesamt sollte hier Spalte für Spalte jeweils in Stundenintervallen der gesamte Tag festgehalten werden. Wenn nachts auch Symptome auftreten, natürlich auch die Nachtstunden festhalten. Sie beginnen mit 5 Uhr, dann 6 Uhr, usw. In der nächsten Spalte »Situation«, beschreiben Sie kurz mit einem Stichwort oder einer Abkürzung, was während dieser Zeit war. Zum Beispiel »Frühstück« oder »Abendessen« oder »Bei der Arbeit« (abgekürzt »BdA«). In die Spalte »Symptom« schreiben Sie lediglich »Ja« oder »Nein«. Gemeint ist hier nur das Auftreten von Schmerzen oder ähnlichem. Statt »Nein« kann man ebenso auch ein Kürzel verwenden. Die Spalte »Stärke« bezeichnet die Intensität des Symptoms auf einer Skala von 0 bis 10. Möglich ist es auch, diese Skala als Minus- oder Plus-Skala zu kennzeichnen, dann wären Schmerzen im Minusbereich zu beschreiben und die schmerzfreien Intervalle im Plusbereich. Mit »Selbsthilfe« werden die Maßnahmen bezeichnet, die man in der Folge der Symptome unternimmt. Zum Beispiel »Entspannungstraining durchgeführt«. Die danach noch einmal auftretende Skala »Stärke« kennzeichnet die Intensität des Symptoms nach der Selbsthilfebehandlung. Diese zweite Stärkeskala ist notwendig, um einen meßbaren Erfolg der Maßnahmen sehen zu können.

## So führen Sie ein Beschwerdentagebuch

■ Fertigen Sie sich einen Rohling an, in den Sie lediglich Überschriften und Abgrenzungen (Linien) eintragen.

■ Fotokopieren Sie sich davon soviele Exemplare, wie Sie sie für einen Beobachtungsintervall benötigen (mindestens aber für eine volle Woche = 7 Tage).

■ Machen Sie Ihre Notizen etwa dreimal pro Tag. Die ersten Eintragungen etwa um die Mittagszeit, die zweiten in der Kaffeepause, die dritten im Bett. Mehr als dreimal sollten Sie keine Eintragungen vornehmen.

■ Ritualisieren Sie die Eintragungszeitpunkte, indem Sie immer wieder zur gleichen Zeit Ihre Eintragungen vornehmen.

■ Üben Sie sich darin, Ihre Symptome hinsichtlich der etwaigen Stärke einzuschätzen.

## So werten Sie Ihr Symptometagebuch aus

■ Werten Sie als erstes die Situationen und das Auftreten von Symptomen aus. Fragen: Gibt es bestimmte Situationen, in denen immer wieder die Symptome auftreten. Und wenn ja, welche sind das?

■ Werten Sie als zweites die Symptome in ihrem zeitlichen Auftreten aus. Fragen: Gibt es zeitliche Zusammenhänge? Und wenn ja, welche Zeiten sind das?

■ Werten Sie als drittes die jeweiligen Muster aus. Fragen: Gibt es tageszeitliche Muster oder tritt das Symptom immer zur gleichen Tageszeit auf?

■ Werten Sie die Symptome qualitativ und quantitativ aus. Fragen: Gibt es bezüglich der Qualität (Intensität) und dem Auftreten Zusammenhänge? Und wenn ja, welche?

■ Bewerten Sie anhand der nachlassenden Intensität auch die Qualität Ihrer Selbsthilfemaßnahmen. Fragen: Gibt es Maßnahmen, die besser wirken als andere? Und wenn ja, welche sind das?

■ Nutzen Sie diese Ergebnisse Ihrer Analyse, um Ihre Selbsthilfemaßnahmen kontinuierlich zu verbessern.

**So führen Sie ein Beschwerdentagebuch**

**So werten Sie Ihr Symptometagebuch aus**

## So können Sie die positive Absicht des Symptoms erkennen

**Das sind Lösungen erster und zweiter Ordnung**

■ Fortgeschrittene NLP-Anwender beschäftigen sich mit Lösungen und Veränderungen erster und zweiter Ordnung. Lösungen erster Ordnung sind Lösungen, die darauf abzielen, immer wieder die gleichen Lösungswege einzuschlagen. Sie werden vor allem durch einen zu engen gedanklichen Rahmen bestimmt. Lösungen zweiter Ordnung sind Lösungen, die über den üblichen gedanklichen Rahmen hinausgehen.

**Enger Rahmen (»frame«), erweiterter Rahmen (»reframing«)**

Die klassische Medizin behandelt symptomorientiert, zum Beispiel bei Schmerzen (Lösung erster Ordnung: ein Schmerzmittel geben). Die psychosomatische Medizin behandelt symptom- und ursachenorientiert (Lösung zweiter Ordnung: Ursachen suchen, um Schmerzsymptome in ihrem Sinn zu verstehen).

■ Im fortgeschrittenen NLP lernen Sie, Ihren bisherigen gedanklichen Rahmen zu erweitern und nach Lösungen zu suchen, die außerhalb Ihres bisherigen Denkansatzes liegen.

**Das Symptom stellt einen Versuch dar, ein neues Gleichgewicht zu schaffen**

■ Dieser Denkansatz fordert die Bereitschaft, sich auf Neues einzulassen und auszuprobieren. Wollen Sie etwas Neues kennenlernen, um sich selbst besser helfen zu können? Wie stark ist dieser Wunsch?

■ Im NLP nennt man das Anlegen eines engen Rahmens »framing«. Das heißt: Sie suchen Ihre Lösungen in einem vertrauten Territorium, wo Sie sich auskennen. Das Aufsuchen eines erweiterten Rahmens nennt man im NLP »reframing«. Das heißt: Sie suchen Ihre Lösungen nun in einem neuen, unbekannten Gebiet.

■ Wenn Sie zum Beispiel unter Schmerzen leiden und sich nur fragen, wie Sie diese zum Verschwinden bringen können, ist Ihr Rahmen (»frame«) zu klein. Sobald Sie aber diesen nur auf die Vermeidung des Symptoms ausgerichteten Rahmen verlassen und sich fragen, was die Ursachen des Symptoms sind, erweitern Sie den Blickwinkel (»reframing«).

■ Symptome nur als störend zu empfinden, ohne ihre verschlüsselte Botschaft zu erkennen, heißt auch die Signale des eigenen Körpers nicht zu kennen. Unser Körper ist ein biologisches System, das ständig nach einem neuen Gleichgewicht sucht. Das Symptom stellt einen Versuch dar, ein neues Gleichgewicht zu schaffen. Symptome sind »Botschafter«, die eine Nachricht überbringen wollen. Lernen Sie die Sprache Ihrer Symptome kennen!

■ Die Erkrankung eines bestimmten Organs kann zu einer speziellen Organsprache führen. Dieses Organ weist mit seinem Symptom darauf hin, daß es entweder zu sehr vernachlässigt oder zu sehr gefordert wird.

# Suchen Sie einen »Ort neuer Lösungen« auf

Bevor Sie sich jetzt daran machen, mit Hilfe von NLP-Übungen die Sprache Ihrer persönlichen Symptome besser zu verstehen, sollten Sie zunächst dafür Sorge tragen, daß Sie diese Übungen auch an einem neuen Platz ausführen. Diesen neuen Platz nennen wir im NLP den »Ort neuer Lösungen«.

■ Sehen Sie sich in Ihrer Wohnung und im Garten um. Finden Sie einen Platz, der sich dazu eignet, neue Lösungen herauszufordern. Der Wechsel des Übungsortes symbolisiert auch Ihre Bereitschaft, nach anderen, neuen Wegen zu suchen.

■ Wenn Sie nicht über so viel Platz verfügen, daß Sie Ihren Übungsort verlegen können, reicht es auch aus, den alten Platz geringfügig zu verändern, indem Sie die Ausrichtung Ihres Stuhls nach den Himmelsrichtungen etwas neu arrangieren. Stand der Stuhl bisher in Richtung Norden, drehen Sie ihn so, daß er nun nach Süden zeigt.

■ Sie können den »Ort neuer Lösungen« auch dadurch symbolisieren, indem Sie sich einfach einen anderen Stuhl zum Üben nehmen oder sich ein anderes Sitzkissen unterlegen. Es kommt darauf an, eine Situation geringfügig durch Wegnehmen oder Hinzufügen von Bedingungen so zu verändern, daß sie die Erweiterung des Rahmens symbolisieren kann.

■ Seien Sie auch hier kreativ und suchen Sie nach neuen Wegen!

■ Wenn Sie zum Beispiel die ersten NLP-Übungen im Haus durchgeführt haben und dabei immer auf bekannte Dinge in Ihrer Umgebung gesehen haben, führt das Verlegen des Übungortes in den Garten mit Blick in den freien Himmel dazu, daß sich die Perspektive beim Üben verändert. Sie wird nicht mehr durch die bekannte Umgebung geprägt, sondern durch den »Ort neuer Lösungen« oder durch einen anderen Gegenstand der diesen Ort symbolisieren soll.

# Psychosomatische Störungen

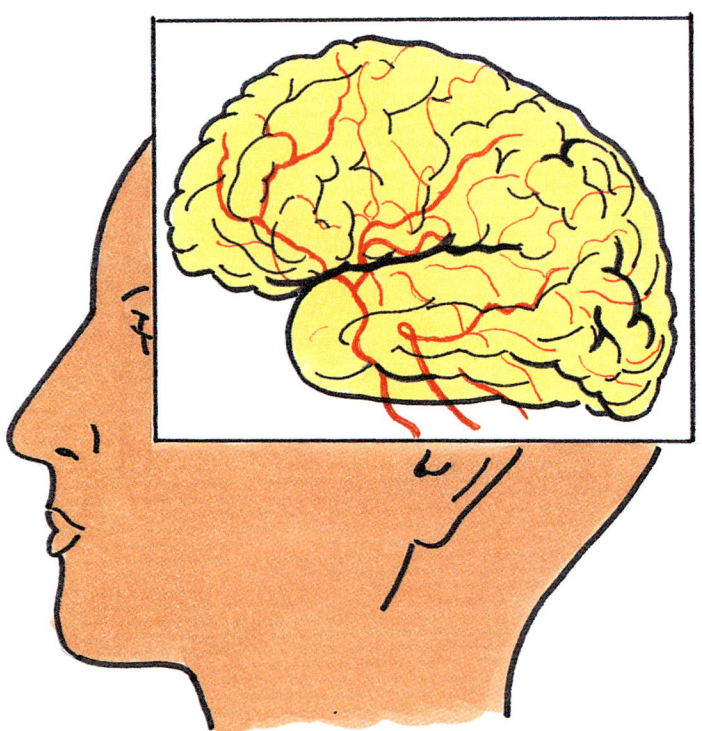

## Der Kopf: Die Schaltzentrale des Lebens

Der Kopf ist nicht nur der Sitz unserer wichtigsten Sinnesorgane – Augen, Ohren, Nase, Mund –, sondern auch der Sitz der Schaltzentrale des Lebens, des Gehirns und damit eines Teils unseres Nervensystems. Eingebettet in einen mas-

siven Knochenpanzer, der es vor Verletzungen schützen soll, umgeben von einem System von Sinnesorganen, die es mit Nachrichten aus der Außenwelt versorgt, erfüllt es Tag und Nacht seine Aufgaben. Kein Wunder, daß diese Zentrale auch einmal überlastet sein kann und mit bestimmten Symptomen auf sich aufmerksam macht.

# Kopfschmerzen

## Beschreibung der Symptome

Kopfschmerzen plagen irgendwann einmal jeden Menschen. Sie können dann und wann auftreten und mehr oder weniger heftig ausfallen. Es kann sich dabei um einen »leichten Druck« handeln, der an einer beliebigen Stelle des Kopfes auftreten kann oder um starke, stechende Schmerzen, die häufig durch Begleitsymptome wie Sehstörungen oder ähnlichem gekennzeichnet sind. Kopfschmerzen treten zu allen Tages- und Nachtzeiten auf. Sie werden nicht als »Krankheit« im übli-chen Sinne betrachtet, sondern als ein frühes Warnsignal des Organismus, mit dem er auf Störungen in den Lebensumständen aufmerksam machen will.

Kopfschmerzen sind Reaktion Ihres Körpers auf eine Belastungssituation.

Anders ist es bei der Migräne, die zu den psychosomatischen Erkrankungen gerechnet wird und sich durch ganz bestimmte Schmerzsymptome auszeichnet, die sich meistens deutlich von einfachen Kopfschmerzen abgrenzen lassen.

## Mögliche Ursachen

**Es gibt eine Vielzahl von Ursachen**

■ Es gibt eine Vielzahl von körperlichen Ursachen, die Kopfschmerzen verursachen können: Schädigung eines Gesichtsnervs (Trigeminusnerv), Erkältungskrankheiten, angespannte Sitzhaltungen, belastendes Wetter, Vergiftungen durch Koffein, Nikotin, Alkohol.

■ Eine der Hauptursachen neben den körperlichen Ursachen sind aber seelische Schwierigkeiten, die durch widerstreitende Gefühle ausgelöst werden können. Wer sich »krampfhaft« bemüht, ein Problem zu lösen und immer wieder mit den gleichen, meistens untauglichen Methoden dagegen angeht; wer Konflikte damit hat, zwischen Wunsch und Realtiät zu unterscheiden und Bedürfnisse nicht mit realen Lebensbedingungen »unter einen Hut bekommt« und sich immer wieder den »Kopf zerbricht«, um nach Lösungen zu suchen; wer seine Wut gegen Ungerechtigkeiten im Arbeitsleben oder in der Familie ständig anstauen muß, weil er/sie sich nicht traut, sie zu äußern und diese »verbotenen« Impulse schließlich gegen sich selbst nach innen richtet; wer als Frau den Ansprüchen der Männergesellschaft nicht mehr genügen kann oder will und dem Streben nach Harmonie nicht mehr gerecht werden kann; wer immer wieder seine Emotionen unterdrücken und anstauen muß.

**Neben den körperlichen Ursachen spielen seelische Ursachen bei Kopfschmerzen eine sehr große Rolle**

## Einschätzung des Erkrankungsrisikos

Das Erkrankungsrisiko, an einfachen Kopfschmerzen zu erkranken, ist sehr hoch. Fast jeder Mensch bekommt im Laufe seines Lebens mehrfach Kopfschmerzen. Allerdings läßt die Neigung zu Kopfschmerzen nach, wenn man sich aktiv um die Veränderung seiner krankmachenden Lebensbedingungen bemüht.

## Ursachen für Kopfschmerzen

▶ Überlastungssituationen in allen Bereichen des Lebens
▶ Wetterfühligkeit
▶ Mißbrauch von Genußmitteln wie Kaffee, Tee, Nikotin und Alkohol, auch verschiedener Medikamente
▶ Schadstoffe in der Luft
▶ Körperfehlhaltungen
▶ schlaffe, untrainierte Muskulatur
▶ verschiedene Allgemeinerkrankungen wie Erkältungen oder Grippe

# Folgen und Auswirkungen

Wer ab und zu Kopfschmerzen hat und sich bemüht, herauszufinden, wie und vor allem wodurch sie bedingt sein können und nach Abhilfe trachtet, braucht sich keine Sorgen zu machen. Wer nicht nach Veränderungen und Abhilfe sucht, läuft Gefahr chronische Kopfschmerzen zu bekommen und/oder mit schweren Kopfschmerzsyndromen, wie zum Beispiel »Migräne« zu reagieren.

## Möglichkeiten der Vorbeugung

Auf der körperlichen Seite können Sie jeweils nach den unterschiedlichen Ursachen vorbeugen: Bei schlechter Sitzhaltung oder schlechten Bürostühlen, müssen Sie Haltungsübungen machen und sich um eine aufrechte Haltung bemühen.

Die Anschaffung von ergonomischen (körpergerechten) Stühlen kann diese Selbsthilfemaßnahmen unterstützen. Bei körperlichen Basiserkrankungen wie Erkältungen und Grippe kann man nach Absprache mit dem behandelnden Arzt zeitlich begrenzt Schmerzmittel einsetzen. Bei Konsum von Genußmitteln muß man auf die Menge achten, die man zu sich nimmt. Bei Streßsituationen sollte man statt der Einnahme des Genußmittels lieber an die frische Luft gehen oder Gymnastik machen, um die Sauerstoffzufuhr des Gehirns zu vergrößern.

**Das Risiko, Kopfschmerzen zu bekommen, ist groß**

## Wann sollten Sie einen Arzt aufsuchen?

Bei einfachen, manchmal auftretenden normalen Kopfschmerzen brauchen Sie keinen Arzt aufzusuchen. Nur wenn die Kopfschmerzen außergewöhlich häufig und intensiv auftreten oder von verschiedene Begleitsymptomen wie zum Beispiel Seh- und oder Empfindungsstörungen begleitet sind, sollten Sie sich an Ihren Hausarzt wenden.

**Ständige Kopfschmerzen sind ein Alarmsignal**

Eine genaue körperliche Untersuchung und eine präzise Anamnese (ärztliches Gespräch über die Entstehung der Störung) können diagnostische Hinweise ergeben, um was für eine Kopfschmerzart es sich handelt.

**So können Sie vorbeugen**

## Möglichkeiten der Selbsthilfe durch NLP-Übungen

### Die erste Übung:

**Betrachten Sie die Gesamtumstände, unter denen die Schmerzen auftreten**

**Sehen Sie sich erst die Gesamtumstände an, bei denen die Kopfschmerzen auftreten**

■ Führen Sie eine Woche lang ein Beschwerdentagebuch.

■ Suchen Sie den »Ort neuer Lösungen« auf und setzen sich auf Ihren Stuhl. Führen Sie nun ein Kurzentspannungstraining durch, wie es auf den Seiten 21 ff. beschrieben ist.

**Suchen Sie den »Ort der neuen Lösungen« auf**

■ Stellen Sie sich nun die Situation vor, in der die Kopfschmerzen meistens aufgetreten sind. Sie sehen zunächst nur sich selbst und konzentrieren sich auf die Kopfschmerzen. Dann treten Sie in Gedanken wieder zurück und erweitern den engen Rahmen. Sehen Sie sich die Situation noch einmal an und beobachten Sie vor allem, was um Sie herum in dieser Situation geschieht.

**Notieren Sie die Schlußfolgerungen Ihrer Überlegungen**

■ Öffnen Sie die Augen und nehmen Sie Ihr Beschwerdentagebuch zur Hand. Werten Sie die Eintragungen aus und konzentrieren Sie sich dabei vor allem auf die Situationen, bei denen die Schmerzen auftreten. Welche Situationen sind das?

■ Schließen Sie wieder die Augen und konzentrieren Sie sich auf die Art und Weise, wie Sie mit diesen Situationen bisher umgegangen sind. Wie verhalten Sie sich? Wie denken Sie über die Situationen? Was fühlen Sie? Welche Art von Selbstgesprächen führen Sie? Wie lauten die Dialoge in Ihrem Kopf?

■ Können Sie einen Zusammenhang zwischen den Auslösesituationen und Ihrer Art, damit umzugehen, sehen? Wie sieht dieser Zusammenhang aus?

■ Öffnen Sie wieder die Augen und notieren Sie sich alle Schlußfolgerungen, die im Zusammenhang mit den Kopfschmerzen stehen können.

### Die zweite Übung:

**Was bedeutet das Kopfschmerzsymptom für mich?**

■ Führen Sie eine Kurzentspannung durch und konzentrieren Sie sich noch einmal auf Ihre Kopfschmerzen. Versuchen Sie nun herauszufinden, was Ihnen Ihre Kopfschmerzen sagen möchten.

■ Verstehen Sie das Symptom als eine Botschaft Ihres Körpers an Sie. Welcher Art ist diese Botschaft? Versetzen Sie sich in das Symptom und lassen Sie es sprechen. Was sagt es Ihnen?

■ Können Sie die Botschaft des Symptoms entschlüsseln? Können Sie auf Ihren Körper hören?

■ Formulieren Sie einige Sätze, die das Symptom zu Ihnen sagen könnte. Schreiben Sie sie auf.

■ Betrachten Sie diese Sätze und überlegen Sie, inwieweit Sie diese unbewußten Absichten Ihres Körpers in Ihre Überlegungen mit einbeziehen können.

■ Nehmen Sie diese Botschaften ernst und, wenn es Ihnen vielleicht auch komisch erscheinen mag, bedanken Sie sich beim Symptom. Es zeigt Ihnen Möglichkeiten auf. Es macht Sie darauf aufmerksam, wo Sie zu kurz kommen. Es zeigt Ihnen auch, welches Organ (bei Kopfschmerzen der Kopf) Sie bislang vernachlässigt haben. Die Kopfschmerzen sind auch ein Signal, das laut und deutlich sagt: »Kümmere dich um mich!«

## Die dritte Übung:

### Sehen Sie Ihre Probleme ohne Kopfschmerzen

■ Führen Sie als erstes wieder eine Kurzentspannung durch. Diese sollten Sie ohnehin regelmäßig vor den Übungen durchführen, um sich in eine entspannte Stimmung zu bringen.

■ Schließen Sie die Augen und sehen Sie sich auf einer Kinoleinwand, wie Sie unter Kopfschmerzen leiden. Diesen Film sehen Sie auf Platz 1.

■ Wechseln Sie jetzt auf Platz 2. Dort sehen Sie sich in der gleichen Situation, aber ohne Kopfschmerzen. Merken Sie sich genau, was Sie tun, wie Sie dabei aussehen und wie Sie sich dabei fühlen.

■ Springen Sie nun in diesen Film hinein und seien Sie wieder Sie selbst. Fühlen Sie, wie Sie sich frei und ohne Schmerzen bewegen und Ihr Leben meistern können. Was machen Sie dabei anders als sonst?

■ Konzentrieren Sie sich dabei auch auf Ihre Selbstgespräche. Wie sehen diese Dialoge aus, wenn Sie keine Kopfschmerzen haben?

■ Schreiben Sie diese Dialoge auf und lesen Sie sie ein paarmal laut vor. Beenden Sie die Übung mit einem Vorsatz: »Ich werde mein Ziel, ohne Kopfschmerzen mein Leben in den Griff zu bekommen, erreichen«.

**Was wollen die Kopfschmerzen Ihnen mitteilen?**

**Nehmen Sie die Botschaften Ihres Unterbewußtseins ernst!**

**So können Sie Ihre Probleme ohne Kopfschmerzen lösen**

# Schwindelgefühle

## Beschreibung der Symptome

Manchmal hat man das Gefühl, den »Boden unter den Füßen zu verlieren«. Im Kopf dreht sich alles und man schwankt. Schwindelgefühle dieser Art können Vorboten verschiedener Störungen und Krankheiten sein, die nicht so ohne weiteres zu ergründen sind. Einige Schwindelgefühle sind harmlos, andere können auf ernsthafte Erkrankungen hinweisen. Die Kunst besteht darin, die wahren Ursachen der Schwindelgefühle zu ergründen. NLP-Methoden können Ihnen dabei helfen.

## Mögliche Ursachen

Eine der Hauptursachen für Schwindel können seelische Probleme unterschiedlicher Art sein. Wer sich in einer angespannten (privaten oder beruflichen) Situation befindet, die Ängste auslösen kann, und wer diese noch nicht richtig wahrnimmt, kann darauf mit Schwindel und Gleichgewichtsstörungen reagieren.

Mehr dazu unter »Möglichkeiten der Selbsthilfe mit NLP-Methoden«.

Eine weitere, vor allem bei Frauen häufig verbreitete Ursache für Schwindel kann niedriger Blutdruck sein. Dieses ist meistens dann der Fall, wenn zum Schwindel Gesichtsblässe und Kopfschmerzen auftreten. Messen Sie Ihren Blutdruck oder lassen Sie ihn sich messen, wenn Ihnen oft schwindelig (vor allem nach dem Aufstehen) wird. Wenn Sie kalt und warm duschen oder sich sportlich betätigen, müßte dieser Schwindel verschwinden. Wenn das nicht der Fall ist, ist ein Arztbesuch notwendig!

Auch bei zu hohem Blutdruck, der sonst kaum Probleme macht, können Schwindelanfälle auftreten. Wenn Sie unter zu hohem Blutdruck leiden und Schwindelgefühle auftreten, sollten Sie ebenfalls möglichst umgehend einen Arzt aufsuchen!

Bei starkem Alkoholkonsum (oder Mißbrauch) oder der Einnahme von Medikamenten kann es ebenfalls zu Schwindelgefühlen kommen, die aber dann verschwinden, wenn der Konsum wieder eingeschränkt oder für einige Zeit ganz unterlassen wird. Hierbei handelt es sich um erste Vergiftungserscheinungen (der berühmte »Kater«). Im Normalfall reichen einige Abstinenztage der Substanz aus, um den Schwindel zu »behandeln«. Bei starker Intoxikation sollte ein Arzt aufgesucht werden. Manchmal kann es sich auch um Vorboten von Entzugserscheinungen handeln, die bei langjährigem Mißbrauch auftreten können. In diesem Fall sind als Begleitsymptome Händezittern und Sehstörungen sowie starke Transpiration (Schwitzen) zu verzeichnen . Auf jeden Fall sofort einen Arzt aufsuchen (Gefahr von Prädelirsium oder Delirium tremens)!

Wenn zum Schwindelgefühl andere Begleiterscheinungen wie etwa Gleichgewichtsstörungen in Verbindung mit Händekribbeln, Taubheitsgefühlen in Armen oder Beinen oder gar Lähmungserscheinungen auftreten, sollte man möglichst sofort einen Arzt aufsuchen. Es könnte sich um einen Schlaganfall handeln! Auch ein Hirntumor (in Verbindung mit Doppeltsehen) könnte die Ursache für diese Art von Schwindel sein. In diesem Fall ist auch ein Notarztruf gerechtfertigt!

**Ursachen von Schwindelepisoden**

**Bei ernsthaften Suchtproblemen sollten Sie einen Arzt aufsuchen!**

**Wenn zusätzliche Symptome auftreten, auf jeden Fall einen Arzt aufsuchen!**

## Einschätzung des Erkrankungsrisikos

Schwindelgefühle treten bei vielen ernsthaften Erkrankungen als Begleitsymptom auf, die nur von einem Arzt ordnungsgemäß versorgt werden können. Wenn Sie also den Eindruck haben sollten, es handele sich nicht um einfache Schwindelgefühle auf Grund von seelischen Problemen, dann ziehen Sie zunächst einen Arzt zu Rate, um sicherzugehen und die Diagnose abklären zu lassen. Wenn aber keine Begleitsymptome auftreten und schon wissen Sie, daß Sie bestimmte Probleme »mit sich herumschleppen«, dann sollten Sie ruhig versuchen, diese Symptome in Selbsthilfe zu behandeln. Im Zweifelsfall einen Arzt aufsuchen! Das Risiko, eine ernsthafte Erkrankung zu haben, ist relativ gering. So tritt zum Beispiel ein Gehirntumor nur sehr selten auf. Und auch Schlaganfälle sind bei jüngeren Menschen (bis 50 Jahre) eher selten.

**Unbehandelte Symptome führen meistens dazu, daß es schlimmer werden kann und sich das Symptom verstärkt. Ihr Körper beginnt, mit massiveren Mitteln auf sich aufmerksam zu machen!**

## Folgen und Auswirkungen

Unbehandelte Schwindelgefühle, die auf seelische Störungen zurückgehen, können dazu führen, daß unser Körper sich auf massivere Signale besinnt, um uns aufmerksam zu machen. Der Schwindel tritt dann häufiger und stärker auf. Bei den angesprochenen anderen Schwindelursachen ist auf jeden Fall ein Arztbesuch

**Mit einer gesunden Lebensführung können Sie den meisten Erkrankungen vorbeugen**

dringend notwendig, denn hier zählt die Zeit, die gebraucht wird, um eine ordnungsgemäße medizinische Versorgung zu gewährleisten. Je früher ein Arzt aufgesucht wird, desto besser. Bei Hirnschlag und Hirntumor droht bei nicht rechtzeitiger Behandlung auch der Tod.

## Möglichkeiten der Vorbeugung

Schwindelgefühle, die auf seelische Ursachen zurückgehen, kann man natürlich dadurch vermeiden, daß man die zugrundeliegenden Probleme nicht auftreten läßt, sondern sie durch Bearbeiten löst. Näheres hierzu auf Seite 123 ff.

Den meisten schweren Erkrankungen wie zum Beispiel Hirnschlag oder Hirntumor kann man im üblichen Sinne nicht vorbeugen. Die einzige Möglichkeit, die Wahrscheinlichkeit des Auftretens zu verringern, besteht in einer gesunden Lebensführung (Sport, gesunde und ausgewogene, vollwertige Ernährung, seelische Ausgeglichenheit).

## Wann sollten Sie einen Arzt aufsuchen?

Wenn Sie Ihre Schwindelgefühle nicht dadurch beseitigen, daß Sie Ihre seelischen Probleme einer Lösung zuführen, sollten Sie einen Arzt aufsuchen. Beim Vorliegen von Begleitsymptomen, wie oben beschrieben, sollten Sie ohnehin sofort einen Arzt aufsuchen.

## Möglichkeiten der Selbsthilfe durch NLP-Übungen

## Die erste Übung

**So finden Sie heraus, was die Schwindelgefühle bedeuten könnten**

■ Wenn Sie Begleitsymptome und damit die Gefahr einer ernsthaften Erkrankung ausgeschlossen haben, sollten Sie eine Woche lang ein Beschwerdentagebuch führen und die Schwindelgefühle genau eintragen.

■ Führen Sie nun ein Kurzentspannungstraining durch. Schließen Sie danach wieder die Augen und konzentrieren Sie sich auf die Schwindelgefühle. Unter welchen Bedingungen treten Schwindelgefühle auf? Welche Situationen können Schwindelgefühle auslösen? Versuchen Sie genau herauszufinden, welche Auslöser für Schwindelgefühle zuständig sind.

■ Stellen Sie sich nun vor, wie Sie sich in einer Situation befinden, in der Schwindelgefühle auftreten. Sehen Sie sich dabei selbst wie auf einer Kinoleinwand auf Platz 2 (der Vergangenheit). Wie verhalten Sie sich, wenn Schwindelgefühle auftreten? Welche Emotionen spielen dabei eine Rolle? Wie fühlen Sie sich? Welche Submodalitäten (Seite 90 ff.) treten dabei auf? Welche Selbstgespräche führen Sie?

■ Verlassen Sie nun Platz 2 und sehen sich auf Platz 1 (der Gegenwart). Überlegen Sie, wie Sie sich das Symptom genauer ansehen, wie Sie mit ihm sprechen, um herauszufinden, was es Ihnen sagen will. Sehen Sie sich im Gespräch mit dem Persönlichkeitsanteil, der das Symptom repräsentiert. Fragen Sie das Symptom freundlich: »Was möchtest du mir mitteilen?«

■ Horchen Sie tief in sich hinein: Welche Antworten erhalten Sie? Wie fühlen Sie sich dabei? Seien Sie an dieser Stelle nicht zu schnell und ungeduldig, sondern warten Sie. Sie werden eine oder mehrere Antworten erhalten, die Ihnen helfen können, sich selbst und Ihre unbewußten Motive, die in dem Symptom deutlich werden, besser zu verstehen.

■ Notieren Sie diese Antworten auf einem Blatt Papier. Versuchen Sie, daraus die positive Absicht des Symptoms zu erkennen. Schreiben Sie diese auf und sprechen Sie dabei laut etwa so: »Mir wird das alles zuviel. Ich werde damit nicht mehr fertig! Ich möchte, daß du dich zurückziehst und dich ausruhst!«

**Mit Hilfe eines Beschwerdentagebuches finden Sie heraus, was Ihre Symptome bedeuten können**

**Das Symptom ist auch eine Botschaft an Sie**

## Die zweite Übung

### Das Symptom verstärken und abschwächen

**So können Sie das Symptom sowohl verstärken, als auch abschwächen**

■ Bei dieser Übung geht es vor allem darum, zu erfahren, daß Sie Einfluß auf die Stärke des Symptoms nehmen können. Als erstes können Sie dabei erfahren, daß Sie Ihr Symptom ohne weiteres verstärken können. Daraus ergibt sich im Umkehrschluß: Was man verstärken kann, kann man auch abschwächen.

**So können Sie den Vorgang stoppen**

**So können Sie den Vorgang für sich nutzen und umdrehen**

■ Führen Sie ein Kurzentspannungstraining durch. Stellen Sie sich wieder auf einer Kinoleinwand auf Platz 2 (Vergangenheit) vor. Sie selbst befinden sich auf Platz 1 (Gegenwart) und sehen sich in der Vergangenheit. Springen Sie nun in das Bild hinein und werden Sie zum Symptom. Spüren Sie das Symptom, fühlen Sie sich hinein. Nun sollten Sie vorsichtig versuchen, das Symptom etwas zu verstärken. Nur ein wenig, denn dieser Teil der Übung dient lediglich dazu, Ihnen zu vermitteln, daß Sie das Symptom beeinflußen können. Verändern Sie dazu einfach eine der Submodalitäten etwas mehr ins Negative.

**Wenn es noch nicht richtig klappt, wiederholen Sie die Übung mit den Submodalitäten**

■ Sobald Sie spüren, wie das Symptom stärker wird, stoppen Sie diesen Vorgang mit dem Wort »Halt!«. Atmen Sie ganz tief ein und langsam wieder aus. Verlassen Sie den Platz 2 wieder und springen Sie zum Ausgangsort zurück.

■ Nun drehen Sie diesen Vorgang um. Sehen Sie sich wieder auf Platz 2 und springen Sie in das Bild hinein. Fühlen Sie das Symptom und schwächen Sie es ab, indem Sie die Submodalitäten verändern. Versuchen Sie durch Veränderung der Submodalitäten Ihre Gefühle zu beeinflußen und damit auch das Symptom zu vermindern.

■ Sobald Sie spüren, wie das Symptom schwächer wird, versuchen Sie das Gefühl zu intensivieren. Genießen Sie es, wie es Ihnen gelungen ist, das Symptom abzuschwächen. Sie können, wenn Sie wollen, das Symptom in beliebiger Richtung beeinflußen. Schreiben Sie sich auf, was Sie tun müssen, um das Symptom zu verstärken und um es abzuschwächen. Denken Sie dabei besonders an die Veränderung der Submodalitäten. Wenn Ihnen das noch nicht so gut gelingt, wie Sie sich das vorstellen, lesen Sie auf Seite 96 ff. noch einmal nach, was es mit der Veränderung der Submodalitäten auf sich hat und wiederholen danach noch einmal diese Übung.

# Die dritte Übung

**Enttarnen Sie die Widersprüche zwischen Ihren Wünschen und Bedürfnissen und formulieren Sie daraus Ziele**

■ Führen Sie eine Kurzentspannung durch. Konzentrieren Sie sich danach auf die positven Absichten Ihres Symptoms. Erinnern Sie sich daran, was Ihnen Ihr Symptom mitgeteilt hatte? Auf der einen Seite möchten Sie sich zurückziehen und mehr Ruhe haben. Auf der anderen Seite kann es aber sein, daß Sie zur Zeit bestimmte Ziele haben, die dem widersprechen. Formulieren Sie beide in einem Satz: »Ich möchte …!« und »Ich möchte auch …!«

■ Stehen Sie nun von Ihrem Stuhl auf und gehen Sie an den »Ort neuer Lösungen«. Setzen Sie sich dort hin und sehen Sie sich wieder wie auf einer Kinoleinwand auf dem Platz 2 (Vergangenheit) stehen. Stellen Sie sich vor, wie Sie sich wieder in einer Situation befinden, in der Sie das Symptom entwickeln. Springen Sie in das Bild hinein. Schwächen Sie nun das Symptom ab, indem Sie die Submodalitäten verändern. Sehen Sie sich in der positiven Absicht, wie Sie das Symptom erreichen können. Verharren Sie einen Moment in dieser Situation und kosten Sie sie aus.

■ Stoppen Sie diesen Film, indem Sie »Halt!« sagen, einen tiefen Atemzug nehmen und aus dem Bild herausspringen auf Platz 3 (Zukunft). Dann sehen Sie sich wieder, wenn Sie Ihr anderes Ziel verfolgen, von dem Sie bisher annahmen, das es dem Bedürfnis, sich zurückzuziehen, entgegenstand. Können Sie sich jetzt vorstellen, daß beide zusammenpassen, daß Sie sich zunächst zurückziehen, um Ruhe und Entspannung und Kraft zu tanken, um dann wieder Ihre anderen Ziele verfolgen zu können?

**So funktioniert die »Stop-Technik«**

■ Sehen Sie sich nun auf Platz 3 in der Zukunft, wie Sie gerne sein möchten, was Sie gerne erreichen möchten und malen Sie es sich genau aus. Sehen Sie sich eine Weile beim Handeln zu. Konzentrieren Sie sich darauf, wie Sie sind, wenn Sie Ihr Ziel verfogen.

■ Notieren Sie später, was Sie dabei gesehen haben. Schreiben Sie sich genau auf, auf welche Art und Weise Sie der unbewußten Absicht des Symptoms folgen können und wie Sie das mit Ihrem eigentlichen Ziel in Verbindung bringen können. Erst eine Pause zu machen, um Kräfte zu sammeln und dann das Ziel zu verfolgen, muß kein Widerspruch sein. Es läßt sich, wenn man es der Reihe nach macht, durchaus verbinden.

**Auch widersprüchliche Ziele lassen sich verbinden, wenn man sie nacheinander verfolgt und nicht gleichzeitig**

# Ängste

## Beschreibung der Symptome

Ängste äußern sich meistens mit einer erhöhten Stoffwechselaktivität, als Reaktion auf äußere oder innere Auslöser. Zunächst wird Adrenalin, ein Hormon, ausgeschüttet, das unseren Körper in Alarmbereitschaft versetzt. Man spürt, wie das Herz schneller schlägt und die Atemfrequenz sich beschleunigt. Gleichzeitig beginnen bestimmte Gedankenketten abzulaufen. Beim Anblick von drohenden, dunklen Wolken am Himmel, geraten die Menschen, die Angst vor Gewittern haben, in Aufregung, und sie formulieren Sätze wie »Gleich wird ein Gewitter kommen!« oder »Hoffentlich gibt das kein Gewitter!« oder »Oh Gott, ein Gewitter!« Diese inneren Sätze lösen ihrerseits wieder neue Adrenalin- und Noradrenalinschübe aus. Die Aufregung steigt weiter an. Durch das Adrenalin wird der Körper so aufgeputscht, daß Ängstliche nun das Bedürfnis verspüren, herumzulaufen und sich zu bewegen. Es hält sie nichts mehr auf ihrem Platz. Alles andere um sie herum wird vergessen und weicht einer inneren Beschäftigung mit der drohenden Gefahr. Ihre Gedanken sind vom kommenden Ereignis gefesselt.

## Mögliche Ursachen

Ängste gehen meistens auf Erfahrungen in der frühen Kindheit oder in späteren Jahren zurück. Bei manchen Ängsten wie der Angst vor Gewittern kommen noch zusätzliche Faktoren hinzu: Urängste, die in der Entwicklungsgeschichte des Menschen (Phylogenese) verankert und auf diese Weise auch im Erbmaterial enthalten sind, eine gewisse allgemeine Disposition (»Nervöser Charakter«). Ängste entstehen durch das Zusammenwirken von verschiedenen Faktoren, die sich gegenseitig beeinflußen können.

**Angstfaktoren**
▶ 1. Persönlichkeitsfaktoren (körperliche und psychische Merkmale)
▶ 2. Umweltfaktoren (Erlebnisse)

## Einschätzung des Erkrankungsrisikos

Ängste sind keine Krankheit, sondern ein ganz normaler Schutzmechanismus unseres Körpers, mit dessen Hilfe wir unser Leben bewältigen. Ursprünglich dienten Sie dazu, entweder flüchten oder kämpfen zu können. Deshalb nennt man diesen Vorgang auch »Kampf-Flucht-Mechanismus«. Ohne Ängste würden wir dauernd etwas tun, was uns in große Gefahr bringen kann.

Ohne Angst würden wir gar nicht überleben. Ängste werden erst dann zur Krankheit, wenn sie so stark werden, daß sie uns in unserer Lebensentfaltung nicht schützen, sondern zu behindern beginnen. Wer wegen seiner starken Ängste nicht mehr am normalen Alltagsleben teilnehmen kann, ist krank und braucht Hilfe.

Die Gefahr, wegen Angstproblemen zu erkranken, ist relativ hoch. Jeder dritte Bundesbürger leidet an Angstproblemen. Die häufige Verordnung von Psychopharmaka, vor allem von Tranquilizern (»die rosarote Brille für die Seele«), spricht eine deutliche Sprache.

**Ängste entstehen durch das Zusammenwirken verschiedener Mechanismen**

## Folgen und Auswirkungen

Unbehandelte Ängste können dazu führen, daß Menschen nicht mehr normal im Alltag bestehen können. Sie ziehen sich immer mehr zurück, versuchen sich so vor dem Auftreten von Ängsten durch Vermeidung von angstauslösenden Situationen zu schützen. Das kann dazu führen, daß man nicht mehr in der Lage ist, sich aktiv mit seinem Leben auseinanderzusetzen. Die Konsequenzen in privaten wie auch in beruflichen Bereichen können sehr vielfältig sein.

**Ängste sind keine Krankheit**

## Möglichkeiten der Vorbeugung

Es gibt nur relativ wenig Möglichkeiten, sozialen Ängsten vorzubeugen, weil Ängste an sich normal sind. Sie sollten auf keinen Fall ganz vermieden werden, weil dadurch der Angstpegel, der Grad der Angst, beim Einzelnen steigt. Die beste Möglichkeit, Ängsten vorzubeugen, besteht darin, sich selbst zu ermutigen, sich selbst Vertrauen zuzusprechen und sich die entsprechenden Kompetenzen anzueignen, die notwendig sind, um mit Ängsten umgehen zu können.

**Ängste können bewältigt werden, wenn man über die nötigen Kompetenzen verfügt**

## Wann sollten Sie einen Arzt aufsuchen?

Wenn Sie die folgenden Selbsthilfemaßnahmen ausprobiert haben und keine oder nur geringe Besserung verspüren, weil die Ängste nach wie vor bestehen, sollten Sie einen Arzt aufsuchen und mit ihm über Ihre Ängste sprechen.

Ein Arztbesuch ist immer dann notwendig, wenn die Ängste ein Ausmaß erreicht haben, daß sie den Alltag (vor allem im Beruf) massiv beeinträchtigen.

**Bei Ängsten sollte man nicht gleich zur Pille greifen!**

Aber Vorsicht: Lassen Sie sich auf keinen Fall gleich ein Medikament zur Beruhigung verschreiben! Sollte dies der Fall sein, suchen Sie sich einen neuen Arzt, der sich mehr Zeit für Sie nimmt und nicht gleich zum Rezeptblock greift.

## Möglichkeiten der Selbsthilfe durch NLP-Übungen

### Erste Übung
#### Überblick Ihrer Ängste

■ Führen Sie eine oder zwei Wochen lang ein Beschwerdentagebuch und notieren Sie darin jedes Auftreten von Angstsituationen.

■ Werten Sie das Beschwerdentagebuch aus und achten Sie dabei vor allem auf alle Situationen, in denen Ängste auftreten. Welche Situationen sind das? Gibt es ein Muster? Wie gingen Sie bisher damit um?

■ Versuchen Sie alle Auslöser für Ängste zu isolieren. Finden Sie heraus, zu welchen Zeiten die Angstepisoden liegen. Gibt es verschiedene Orte, die beim Auftreten von Ängsten eine wichtige Rolle spielen? Hängen die Ängste mit bestimmten Personen zusammen? Welche Merkmale haben diese Personen?

■ Führen Sie ein Kurzentspannungstraining durch. Danach konzentrieren Sie sich auf die Art und Weise, wie Sie bisher mit den Ängsten umgegangen sind. Sie stehen auf Platz 1 (Gegenwart) und Sie sehen Sie sich wieder selbst auf einer Kinoleinwand auf Platz 2 (Vergangenheit). Schauen Sie sich genau an, wie Sie sich beim Auftreten von Ängsten verhalten. Was passiert?

■ Sehen Sie sich nun auf Platz 3 (Zukunft) so handeln, wie Sie gerne sein möchten. Was tun Sie und welche Gefühle löst das bei Ihnen aus? Merken Sie sich sowohl die einzelnen Handlungen als auch die dazugehörigen Gefühle und Gedanken.

■ Springen Sie nun direkt in das Bild hinein und verschmelzen Sie mit der Person, die sich souverän mit ihren Ängsten auseinandersetzt. Fühlen Sie, wie es ist, wenn man sich aktiv und erfolgreich mit seinen Ängsten beschäftigt. Beenden Sie die Übung, nachdem Sie einige Minuten erfolgreich gehandelt haben. Schreiben Sie sich danach auf, welche Erfahrungen Sie bei dieser Übung gemacht haben. Achten Sie auf Auslöser für Gefühle und Gedanken genauso wie auf Auslöser für die erfolgreiche Bewältigung.

## Zweite Übung

### So können Sie Angstgefühle verändern

■ Setzen Sie sich auf einen Stuhl und schließen Sie die Augen. Stellen Sie sich eine angstauslösende Situation vor und lassen Sie die Ängste vorsichtig in sich aufsteigen. Spüren Sie, wie die Ängste beginnen, von Ihnen Besitz zu ergreifen und das Kommando in Ihrem Körper übernehmen.

■ Halten Sie nun die Luft an und sagen Sie innerlich (laut) zu sich selbst: »Halt – Stop!« Halten Sie die Luft einige Sekunden an und atmen Sie dann ruhig und gleichmäßig weiter.

■ Achten Sie bei der Atmung darauf, so tief wie möglich auszuatmen und dann wieder langsam einzuatmen. Beim Ausatmen bremsen Sie die ausgeatmete Luft etwas mit den Lippen (Lippenbremse). Das Ausatmen sollte etwas länger dauern als das Einatmen.

■ Denken Sie nun an ein Erlebnis, das Sie glücklich gemacht hat. Konzentrieren Sie sich dabei auf Ihre Glücksgefühle. Das kann jede Situation sein, die Sie in der letzten Zeit erlebt haben und die Ihnen angenehme Gefühle verschafft hat. Kosten Sie dieses Erlebnis aus.

■ Hat sich Ihre anfängliche Angst nun verändert? Ist Sie weniger geworden oder gar ganz verschwunden? Sehen Sie sich die einzelnen Submodalitäten (Seite 90 ff.) an. Wie haben sich diese während der Übung verändert? Welche Submodalitäten haben sich verändert? Beenden Sie diese Übung mit einer Wiederholung der Kurzentspannung. Nach der Übung sollten Sie angenehm erfrischt und erholt sein.

**Führen Sie ein Beschwerdentagebuch und notieren Sie, in welchen Situationen Ängste bei Ihnen auftreten können**

**Führen Sie ein Kurzentspannungstraining durch, bevor Sie sich mit der nächsten Übung beschäftigen**

## Dritte Übung

### Angstauslöser als Auslöser von Entspannung

**Wenn Ängste auftreten, Entspannungstraining durchführen!**

■ So wie Ihr Körper auf bestimmte Auslösesituationen mit Angst reagiert, können auch Sie ihn dazu bringen, mit Entspannung auf Ängste zu reagieren. Dazu müssen Sie sich selbst »umprogrammieren«. Das Prinzip ist einfach, aber wirkungsvoll: Jedesmal wenn Ängste auftreten, setzen Sie ein Entspannungstraining dagegen. Je öfter Sie diesen Vorgang wiederholen, desto mehr gewöhnt sich Ihr Organismus daran, so zu reagieren.

■ Setzen Sie sich absichtlich einer Angstsituation aus, indem Sie entsprechende Bilder in Ihrem Kopf produzieren. Gehen Sie absichtlich bei der Angstsituation in die Phantasie hinein. Sobald die ersten Angstgefühle auftreten, praktizieren Sie die »Halt – Stop!«-Technik und halten für einen Moment die Luft an. Damit unterbrechen Sie den Angstmechanismus Ihres Körpers und verschaffen sich die notwendige Pause, um gegensteuern und Ihr Gehirn wieder einschalten zu können.

■ Führen Sie nun ein Kurzentspannungstraining durch. Spüren Sie dabei, wie die Angstgefühle weniger werden, wie sie mehr und mehr in den Hintergrund treten, bis sie ganz verschwunden sind.

■ Wiederholen Sie diese Übung mehrmals in der Woche und zwar so lange, bis Sie in der Lage sind, bei auftretenden Ängsten automatisch mit Entspannung zu reagieren.

# Darauf sollten Sie beim Umgang mit Ängsten achten

■ Ängste sind überlebensnotwendig. Das Ziel aller Bemühungen sollte nie sein, Ängste ganz zu beseitigen, sondern darauf zu achten, daß Ängste Sie nicht handlungsunfähig machen.

■ Aus einem eher ängstlichen Typ wird auch durch eine Selbst- oder Fremdbehandlung kein Supermann oder eine Superfrau. Es kann also nicht darum gehen, eine völlige Persönlichkeitsveränderung herbeizuführen, sondern lediglich darum, ängstlichen Menschen mehr Lebensqualität zu verschaffen.

■ Ängste sollten immer schrittweise angegangen werden. Die einzelnen Schritte der Angstbewältigung müssen erfolgreich zu bewältigen sein, damit auch Erfolgserlebnisse möglich sind. Wer sich gleich überfordert, fördert mit jedem Mißerfolg nur seine Angst.

■ Man beginnt mit kleinen Schritten, und mit jedem Erfolg kann man die Anforderungen an sich selbst vorsichtig steigern.

■ Neben der Beseitigung von negativen Angstfolgen oder -auswirkungen, sollte man die Entstehung der Ängste, die Fragen nach den Ursachen, nicht aus den Augen verlieren. Erst das Entdecken des verborgenen Sinnes der eigenen Angst, kann einem die Augen für die Weisheit des eigenen Körpers öffnen. Nur wer neben der Bewältigung der Angst auch die Ursachen und den Sinn der Angst im Blick behält, wird auf Dauer erfolgreich bei der Bewältigung seiner Ängste sein können.

■ Selbstbehandlung von Ängsten ist nur dann sinnvoll, wenn die Ängste sich noch in einem Bereich befinden, der sich in Selbsthilfe bewältigen läßt. Schwere Ängste oder Panikattacken sollten nur mit Hilfe eines erfahrenen Arztes oder Psychotherapeuten behandelt werden.

■ Ängste bauen sich langsam und meistens über Jahre hinweg auf. Bei der Selbstbehandlung sollte man diesen Aspekt nicht aus den Augen verlieren. Nur ein diszipliniertes, kontinuierliches und dauerhaftes Vorgehen beim Üben kann helfen, die Angst zu überwinden und über sich selbst hinauszuwachsen.

**Nur kleine Schritte führen zum Erfolg!**

**Schwere Ängste und Panikattacken müssen von einem erfahrenen Arzt oder Therapeuten behandelt werden!**

# Erkältungskrankheiten

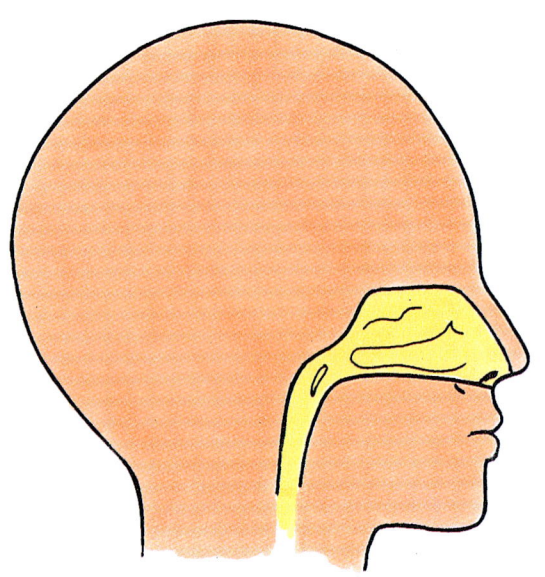
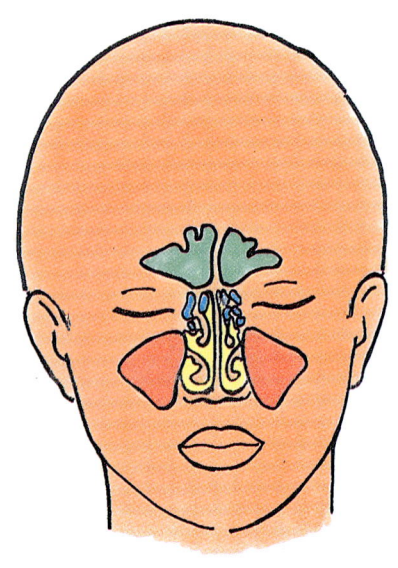

## Beschreibung der Symptome

## Mögliche Ursachen

**Erkältungs-krankheiten werden meistens von Viren ausgelöst**

Wer kennt das nicht? Die Nase »läuft« und man hat Schwierigkeiten beim Atmen. Unlustgefühle und Schlaffheit plagen einen. Man hat zu nichts mehr Lust. Der Volksmund kennt auch die psychosomatische Wahrheit: »Jemand hat die Nase voll!«

Hinter Erkältungskrankheiten stehen Viren als Krankheitserreger. Eine Virusinfektion hat die oberen Atemwege befallen und löst einen Abwehrkampf des Immunsystems aus. Die Schleimhäute schwellen an und ein zähflüssiges Sekret wird abgesondert.

## Einschätzung des Erkrankungsrisikos

Erkältungen sind bei Kindern sehr häufig, weil ihr Immunssystem erst noch »lernen« muß, sich mit Erregern auseinanderzusetzen. Häufige Erkältungen bei Kindern sind normal und stellen den Lernprozeß gegen die Viren dar. Mit jeder bewältigten Erkältung hat das Kind einen bestimmten Virus »erkannt« und gelernt, mit ihm fertigzuwerden. Bei Erwachsenen sind Erkältungen eventuell auch Anzeichen einer schwierigen Lebenssituation, in der das Immunsystem durch anderweitige Belastungen wie Streß geschwächt sein kann. Treten sie immer häufiger auf, kann das als Hinweis verstanden werden, daß jemand sich nicht mehr aktiv mit seinen Lebensbedingungen auseinandersetzen will, weil er oder sie »die Nase voll hat!« Ein bis drei Erkältungen pro Jahr, hauptsächlich während der Wintermonate, sind normal, mehrere können als Hinweis verstanden werden, etwas zu unternehmen. Bei häufigen Erkältungen können die Nasennebenhöhlen oder die Lunge in Mitleidenschaft gezogen werden. Die Krankheit wechselt die »Etage«.

## Folgen und Auswirkungen

Erkältungen sind harmlos, vor allem, wenn Kinder davon betroffen sind (siehe oben). In seltenen Fällen kann sich daraus eine Grippe entwickeln (in ganz seltenen Fällen, je nach Virusart (z. B. bei Influenzaviren), kann sie tödlich verlaufen. Die Infektion kann sich ausbreiten und Herz und Lunge befallen, dann ist sie gefährlich. Aber das kommt nur selten vor. Anzeichen für eine Ausbreitung der Infektion sind Fieber über 39 °Celsius, heftige Kopf-, Hals- und Gliederschmerzen, trockener Husten.

## Möglichkeiten der Vorbeugung

Erkältungen werden durch Tröpfcheninfektion übertragen. Wer zu Hause bleibt, verhindert, daß andere angesteckt werden können. Eine richtige Vorbeugung gibt es nicht. Man kann allerdings durch regelmäßige Vitaminzufuhr (über frisches Obst und Gemüse) das körpereigene Immunsystem stärken und damit das Auftreten einer Erkältung verringern.

Wenn die Erkältung nach drei Tagen nicht abklingen will, sollten Sie einen Arzt aufsuchen.

**Erkältungen treten bei Kindern häufiger als bei Erwachsenen auf, weil das kindliche Immunsystem erst noch »lernen« muß, mit den Erregern fertigzuwerden**

# Möglichkeiten der Selbsthilfe durch NLP-Übungen

### So können Sie Ihr Immunsystem stärken

■ Führen Sie ein Kurzentspannung durch. Stellen Sie sich vor, Ihre Immunzellen, die den Virus bekämpfen, wären kleine Polizisten (oder Krokodile), die in Ihrem Blutkreislauf schwimmen. Dort treffen Sie auf die Eindringlinge, die wie kleine Kampfmaschinen aussehen. Ihrer Phantasie sind keine Grenzen gesetzt. Allerdings läßt sich die Vorstellung am besten durchhalten, wenn die Figuren einfach konstruiert sind.

■ Gehen Sie mit Hilfe Ihrer Konzentration in den Kopf und dort in die Nasenregion. Stellen Sie sich Ihre geschwollenen Schleimhäute vor. Ihre Immunpolizei hat ein paar Eindringlinge entdeckt und ist auf dem Weg an den Überfallort, die Nase. Stellen Sie sich jetzt vor, wie ganze Horden von Immunpolizisten (oder Krokodilen) auf dem Weg dorthin sind.

■ Dort angekommen, tobt ein kurzer, aber heftiger Kampf mit den Eindringlingen, und dann werden die Eindringlinge vernichtend geschlagen. Eine Spezialtruppe Ihrer Immunpolizei kommt hinzu, um die Leichen der Viren abzutransportieren.

■ Stellen Sie sich nun vor, wie der Schleim aus der Nase abläuft. Wenn Ihre Vorstellungskraft sehr intensiv ist, werden Sie bemerken, wie Ihre Nase besser durchblutet ist und das Sekret zu laufen beginnt. Die erste Schlacht haben Sie gewonnen.

■ Führen Sie diese kleine Übung mehrmals am Tag (wenn Sie Zeit haben) durch. Achten Sie aber auch darauf, viel zu trinken und sich in Zeiten von Erkältungen nicht zu sehr zu belasten. Schonen Sie sich!

**Wenn Sie gerade eine Erkältung haben, sollten Sie sich schonen**

# Halsschmerzen und Schluckbeschwerden

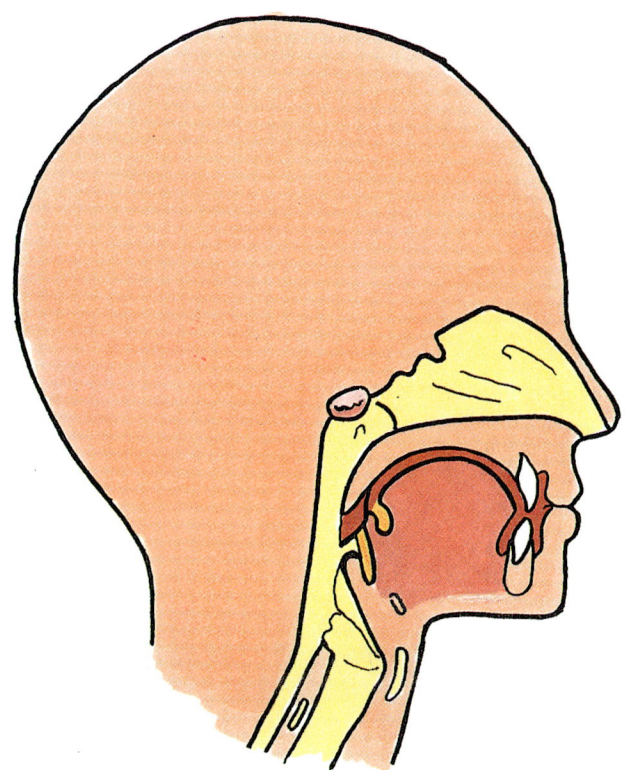

**Lassen Sie sich durch einen Arzt untersuchen, wenn Sie meinen, hinter Ihren Halsschmerzen steckt eventuell eine ernsthafte, gefährliche Erkrankung**

## Beschreibung der Symptome

Man hat das Gefühl, einen Kloß im Hals zu haben; das Schlucken fällt schwer. Eventuell kommt es zu Sodbrennen und Aufstoßen. Die psychosomatischen Körpersprache signalisiert hier: »Ich möchte nicht mehr alles schlucken!«

## Mögliche Ursachen

Bei einfachen Schluckbeschwerden liegen meistens seelische Probleme zugrunde. Auch der »nervöse Magen«, der hier eine Rolle spielen kann (siehe dort, auf Seite 150), geht auf die gleichen Problemlagen im seelischen Bereich zurück.

135

Die Rachenschleimhäute sind durch Erreger oder durch Schadstoffe (Nikotin etc.) gereizt. Es gibt allerdings auch ernsthafte Erkrankungen des Rachenraums, die nur durch einen Arzt behandelt werden sollten.

**Beim Auftreten von Begleitsymptomen auf jeden Fall einen Arzt aufsuchen!**

## Einschätzung des Erkrankungsrisikos

Einfache Rachenentzündungen sind häufig und befallen meistens Raucher und solche Personen, die häufig Luftschadstoffen ausgesetzt sind. Rachenentzündungen sind relativ harmlos, wenn die Schleimhäute wieder entlastet werden. Bei starken Rauchern und Trinkern von harten alkoholischen Getränken können schwere Folgen auftreten.

## Folgen und Auswirkungen

Ständige Rachenentzündungen können ein Einfalltor für schwerere Entzündungen sein, vor allem dann, wenn das Immunsystem durch Alkohol, Kaffee und Nikotin überlastet ist.

## Möglichkeiten der Vorbeugung

Für Raucher gilt: Schränken Sie das Rauchen soweit wie möglich ein. Wenn Sie es sich zutrauen, hören Sie mit dem Rauchen ganz auf. Nichtraucher mit häufigen Rachenentzündungen sollten sich fragen, was sie nicht mehr schlucken wollen in ihrem Leben, und sie sollten sich an die Bearbeitung ihrer seelischen »Schluckbeschwerden« machen. Die NLP-Übung kann dabei helfen.

## Wann sollten Sie einen Arzt aufsuchen?

Einen Arzt sollten Sie dann aufsuchen, wenn Begleitsymptome wie Heiserkeit, Gewichtsverlust, heftige Schluckbeschwerden mit Schmerzen, Übelkeit, Fieber, Schweiß, Doppeltsehen, Lähmungserscheinung oder ähnliches auftreten.

# Möglichkeiten der Selbsthilfe durch NLP-Übungen

### Wenn Sie nicht mehr alles schlucken wollen

■ Führen Sie über drei Wochen hinweg ein Beschwerdentagebuch, um die Begleitumstände Ihrer Schluckbeschwerden herauszubekommen. Nach drei Wochen machen Sie sich daran, die Aufzeichnungen mit Hilfe der Anregungen dazu auf Seite 110, (Auswertung des Beschwerdentagebuchs) auszuwerten.

■ Versuchen Sie hinter den Schluckbeschwerden ein Muster zu erkennen, das Sie darauf aufmerksam machen will, nicht mehr alles widerstandslos zu schlucken. Fragen Sie sich: Was will ich nicht mehr schlucken?

■ Suchen Sie sich eine konkrete Situation aus der letzten Zeit heraus und stellen Sie sich die Situation vor. Sehen Sie sich wie auf einer Kinoleinwand handeln. Sie befinden sich dabei auf Platz 1 (Gegenwart) und sehen sich, wie Sie auf Platz 2 (Vergangenheit) gehen.

■ Arbeiten Sie mit Hilfe des Textes auf Seite 94/95 (Submodalitäten) die Submodalitäten heraus, die Sie dann verändern können.

■ Sehen Sie sich von Platz 1 aus in der Zukunft (Platz 3) stehen. Probieren Sie dort aus, wie Sie handeln müßten, wenn Sie nicht mehr alles schlucken wollen. Denken Sie dabei auch an die Veränderung der Submodalitäten und an Ihre inneren Selbstgespräche.

■ Verändern Sie die inneren Selbstgespräche solange, bis Sie positiv auf die Bewältigung der Situation ausgerichtet sind. Üben Sie das erfolgreiche Handeln in Ihrer Phantasie häufiger und solange ein, bis Sie glauben, es auch in die Praxis umsetzen können.

**Verändern Sie Ihre inneren Selbstgespräche solange, bis sie positiv auf die Bewältigung der Situation ausgerichtet sind**

## Ein wichtiger Tip:

Je öfter Sie kleine Wiederholungsübungen machen, desto leichter und schneller können Sie Ihre Absichten in die Tat umsetzen. Ihr Unterbewußtsein reagiert im negativen wie im positiven Sinne auf Wiederholungen! Achten Sie dabei darauf: Kleine Übungsschritte kurz und oft zu wiederholen, ist besser, als längere Übungen, die nur selten wiederholt werden.

# Schulterschmerzen

## Beschreibung der Symptome

Viele Menschen leiden unter Schulterschmerzen, die sehr unterschiedliche Ursachen haben können. Diese Schmerzen werden auch als Rückenschmerzen wahrgenommen. Es handelt sich dabei um ausstrahlende Schmerzen, die je nach Ursprungsort unterschiedlich in verschiedene Bereiche strahlen können. Meist sind es Verspannungsschmerzen, die im linken, rechten oder mittleren Schulterbereich in Höhe der Schulterblätter auftreten können. Sie können bei bestimmten Bewegungen stechend sein, aber auch dumpf ausstrahlen.

**Viele Menschen leiden unter Schulterschmerzen**

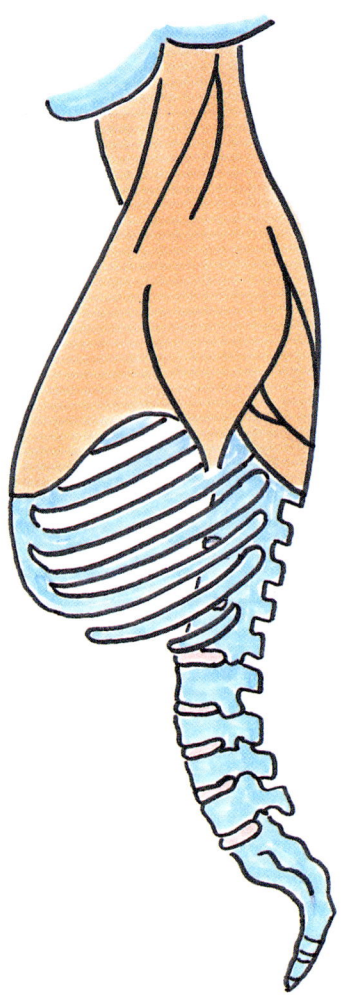

## Mögliche Ursachen

Die meisten Schulterschmerzen gehen auf Muskelverspannungen durch falsches Sitzen oder stundenlange körperliche Fehlhaltungen zurück. Das Muskelgewebe verspannt sich, wird nicht mehr ausreichend durchblutet und schmerzt. (Marginalie: Die meisten Schulterschmerzen gehen auf Fehlhaltungen zurück!)

Diese Fehlhaltungen können das Ergebnis einer inneren »Fehlhaltung« sein, wenn zum Beispiel Ängste zu Verspannungen und Fehlhaltungen führen.

Es kann sich aber auch um Fehlstellungen eines Wirbelsäulenbereichs (BWS = Brustwirbelsäule) handeln, zum Beispiel bei einer Skoliose, einer Verdrehung der Wirbelsäule, die die umgebende Muskulatur beeinträchtigt und ebenfalls zu schmerzhaften Verspannungen führen kann.

Das Bindegewebe der Blutgefäße in den Muskeln des Rückenbereichs kann erkrankt sein (Polymyalgia rheumatica).

In seltenen Fällen kann es sich bei Frauen auch um einen geplatzen Eileiter (bei einer Eileiterschwangerschaft) handeln, was häufig neben Bauchschmerzen auch zu Schulterschmerzen führt.

Ein Herzinfarkt kann ebenfalls in die linke Schulter ausstrahlen. Dabei treten auch Beklemmungen in der Brust sowie Atemnot auf.

## Einschätzung des Erkrankungsrisikos

Bei vielen Berufsgruppen (Büro- und Bauberufe) sind Schulterschmerzen so etwas wie eine Folge der berufsbedingten einseitigen Fehlhaltungen. Wer acht Stunden am Tag verkrampft an seinem Schreibtisch oder am Computer sitzt, läuft Gefahr, chronische Schulterschmerzen zu bekommen.

## Folgen und Auswirkungen

Eine einseitige Fehlhaltung zieht eine Reihe von Folgeerkrankungen nach sich, weil der Körper und sein Haltungsapparat aus dem Gleichgewicht geraten. Hat man zum Beispiel links eine Verspannung in der Schulter, wird man sich auf dieser Seite schonen und die andere Seite überlasten, was seinerseits zu weiteren Verspannungen (nun auf der anderen Seite) führen kann. Jahrelange Angstzustände, die dazu führen können, daß man nur noch mit »eingezogenem Kopf« durch die Gegend läuft, führen häufig zu Wirbelsäulen- und Muskulaturproblemen im Hals- und Brustwirbelsäulenbereich.

**Äußere Fehlhaltungen können auf innere Fehlhaltungen zurückgehen**

**Achtung: Auch bei einem Herzinfarkt können Schmerzen in die linke Schulter ausstrahlen!**

**Einseitige Fehlhaltungen können weitere Folgeprobleme nach sich ziehen**

## Möglichkeiten der Vorbeugung

Auf der einen Seite ist die beste Vorbeugung gegen Haltungsprobleme, die seelische Ursachen haben, die Bearbeitung der zugrundeliegenden seelischen Konflikte.

**Besser einmal zu viel zum Arzt, als einmal zu wenig!**

Auf der anderen Seite bietet gesunde körperliche Bewegung und Sport einen Ausgleich für ungesunde Körperhaltungen.

## Wann sollten Sie einen Arzt aufsuchen?

Sie müssen immer dann zum Arzt, wenn verschiedene Selbsthilfemöglichkeiten nicht ausreichen, und bzw. oder wenn Sie den Verdacht haben, eine schwere Erkrankung, zum Beispiel ein Herzinfarkt, verursacht die Beschwerden. Wenn Sie es selbst nicht genau wissen, ob es ein Herzinfarkt sein könnte oder ob nur relativ harmlose Verspannungen der Schultermuskulatur vorliegen, dann soll-

**Zwei Möglichkeiten, um mit Schulterschmerzen umzugehen**

ten Sie auf jeden Fall sofort einen Arzt aufsuchen. Denn hier kann es auf Minuten ankommen, wenn es wirklich ein Infarkt sein sollte. Es gilt die Regel: Besser einmal zu viel, als einmal zu wenig zum Arzt gehen!

## Möglichkeiten der Selbsthilfe durch NLP-Übungen

**So können Sie Ihre Schulterschmerzen reduzieren oder ganz zum Verschwinden bringen**

■ Wenn Sie sicher sind, daß es sich nicht um eine ernsthafte Erkrankung handelt, beginnen Sie damit, ein Schmerztagebuch (Beschwerdetagebuch) über Ihre Schulterschmerzen zu führen. Machen Sie das etwa 2 Wochen hindurch.

■ Danach werten Sie das Schmerztagebuch aus und gehen dabei nach dem Muster auf Seite 110/111 (Auswertung des Beschwerdentagebuchs) vor.

■ Wenn Sie den Auslösern und Randbedingungen Ihrer Schulterschmerzen auf die Spur gekommen sind, haben Sie zwei Möglichkeiten: Zum einen können Sie versuchen, die Rahmenbedingungen, mit denen Sie arbeiten und die diese Schmerzen auftreten lassen, zu verändern. Das heißt: Sie beschaffen sich gesunde (ergonomische) Sitzmöbel und dann trainieren Sie aufrecht und gerade zu sitzen. Zum anderen sollten Sie sich aber auch darum kümmern, welche inneren Spannungen und Probleme diese angespannten Haltungen auch auslösen können.

■ Führen Sie ein Kurzentspannungstraining durch. Konzentrieren Sie sich danach auf Ihre Lebenssituation, in der Sie im Moment stecken. Versuchen Sie nun herauszufinden, was Ihnen Ihr Symptom mitteilen will. Auf was will es Sie aufmerksam machen?

■ Wenn Sie die Bedeutung des Symptoms erkannt haben, überlegen Sie sich als nächstes, was Sie eigentlich wollen? Warum verkrampfen Sie sich im Moment so? Was möchten Sie eigentlich erreichen?

■ Sehen Sie sich von auf Platz 1 (Gegenwart) aus auf Platz 2 (Vergangenheit) stehen und handeln. Spüren Sie dabei den Schmerzen in Ihren Schultern nach. Dann sehen Sie sich auf Platz 3 (Zukunft) so handeln, wie Sie eigentlich handeln möchten. Fühlen Sie sich auch körperlich in dieses Verhalten hinein. Dann springen Sie in das Bild auf Platz 3 und werden so zum Handelnden. Kosten Sie alle Gefühle der Schmerzfreiheit und der wiedergewonnenen Bewegungsfreiheit voll aus. Beenden Sie die Übung damit, daß Sie die letzte Situation auf einem Blatt Papier beschreiben.

**Was will Ihnen Ihr Symptom mitteilen?**

**Wiederholung macht den Meister!**

**Nutzen Sie das Potential, das in Ihnen steckt**

## Ein paar wichtige Tips:

■ Bei NLP-Gesundheitsübungen sollten Sie immer drei Schritte einhalten:
▶ Halten Sie das Auftreten der Beschwerden genau fest (die Rahmenbedingungen, unter denen die Beschwerden auftreten, in Verbindung mit dem Symptom).
▶ Versuchen Sie herauszufinden, was Ihnen Ihr Symptom sagen will.

▶ Finden Sie Ihre Ziele heraus und führen Sie die Übungen so durch, daß sie nicht im Widerspruch zur Aussage des Symptoms stehen.

■ Gestalten Sie sich selbst ein paar Übungen, indem Sie sich darauf konzentrieren, nicht nur das Symptom, sondern auch dessen Ursachen,

ins Auge zu fassen und gegebenenfalls zu beseitigen.

■ Jede Veränderung Ihrer Lebensführung, führt zu einer Veränderung des Symptoms und seiner Auswirkungen. Nutzen Sie das Potential, das in Ihnen steckt!

**Drei Schritte, auf die Sie bei NLP-Übungen achten sollten**

# Brustbeklemmungen und Atemnot

## Beschreibung der Symptome

Es kommt immer wieder vor, daß man an bestimmten Tagen das Gefühl hat, keine Luft oder jedenfalls nicht genug Luft zu bekommen. Es ist ein diffuses Gefühl der Beklemmung. Eine Zeitlang bemerkt man es gar nicht, dann wieder versucht man, bewußt tief durchzuatmen, um auszugleichen.

## Mögliche Ursachen

Bei verschiedenen Wetterlagen bekommen Wetterfühlige schnell Atemnot. Die Ursache liegt im sich schnell verändernden Luftdruck und im Versuch des Körpers sich anzupassen. Gerade Menschen mit niedrigem Blutdruck haben bei Tiefwetterlagen (niedriger Luftdruck) oft Atemprobleme.

Bei seelischen Problemen, ob im Beruf oder im Privatleben, können Atembeschwerden oder das Gefühl der Beklemmung auftreten, die eine Folge der damit verbundenen Ängste sein können.

Einige ernsthafte Erkrankungen wie zum Beispiel ein drohender Herzinfarkt oder eine Angina pectoris (Herzenge) können als Vorboten ebenfalls Beklemmungen verursachen.

Asthma bronchiale, chronische Bronchitis und andere Lungenerkrankungen können ebenfalls zeitweise oder dauerhaft Beklemmungen verursachen.

## Einschätzung des Erkrankungsrisikos

In der heutigen Zeit der hohen Luftschadstoffbelastung und der erhöhten Streßbelastung für viele Menschen, sind ernsthafte Herz- Lungenerkrankungen nicht selten. Bei Atemwegsbeklemmungen sollte man daher zunächst immer einen Arzt aufsuchen, um eine ernsthafte Erkrankung auszuschließen, bevor man sich auf Selbsthilfeübungen einläßt.

## Folgen und Auswirkungen

Atemwegsbeklemmungen verursachen Luftnot. Das Gehirn bekommt zu wenig Sauerstoff, Ängste können auftreten.

Diese Ängste wiederum können die Beklemmungen weiter verstärken. Ein Teufelskreis kann so entstehen. Für den Fall einer Falschdiagnose, wenn die Beklemmungen nämlich den Hintergrund einer ernsthaften Erkrankung bilden, sind schwere Folgen möglich.

## Ein wichtiger Tip:

Eine Krankheit wird dann als psychosomatisch angesehen, wenn keine andere (organische) Ursache vorliegt. Das heißt: Wenn Sie sicher sind, das keine organische Schädigung vorliegt, können Sie davon ausgehen, daß es sich um eine psychosomatische Störung oder Erkrankung handelt.

**Gerade Wetterfühlige leiden häufig unter Atembeklemmungen, wenn der Luftdruck sich verändert**

**Atembeklemmungen können häufig im Alltag vorkommen**

## Möglichkeiten der Vorbeugung

**So finden Sie die Ursachen Ihrer Beklemmungen heraus**

Atmen Sie bei Beklemmungen eine Zeit lang möglichst tief und regelmäßig durch. Handelt es sich um eine vorübergehende Störung mit seelischen Ursachen, reduziert das die Beklemmungen etwas. Bleiben sie unverändert bestehen, ist ein Arztbesuch notwendig. Leichte sportliche Betätigung führt ebenfalls zu einer vertieften Atmung und damit zum Verschwinden der Beklemmungen. Seelischen Ursachen kann man nur durch generelle Bearbeitung der zugrundeliegenden Bedingungen begegnen (siehe hierzu unten: Möglichkeiten der Selbsthilfe durch NLP-Übungen).

**Sehen Sie sich selbst handeln**

## Wann sollten Sie einen Arzt aufsuchen?

Da man bei ernsthaften Erkrankungen der Lunge oder des Herzens weiß, daß es oft auf die rechtzeitige Hilfe ankommt, sollten man damit nicht spaßen und möglichst umgehend den Arzt aufsuchen, um schlimmere Folgen zu vermeiden.

Durch Veränderung der Submodalitäten verändern Sie auch Ihren Zustand!

## Möglichkeiten der Selbsthilfe durch NLP-Übungen

**So finden Sie die Ursachen Ihrer Beklemmungen heraus**

■ Führen Sie zunächst etwa zwei Wochen lang ein Beschwerdentagebuch und werten es danach aus (siehe hierzu: Seite 110).

■ Die Beklemmungen entstehen durch eine bestimmte Konstellation in Ihrem Leben. Es gibt etwas, das Ihnen die Luft nimmt. Finden Sie heraus, was das sein kann und machen Sie sich auf die Suche nach den Ursachen dieser Situation.

■ Führen Sie erst eine Kurzentspannung durch. Konzentrieren Sie sich danach auf die Situation, in der die Beklemmungen zuletzt auftraten. Gehen Sie auf Platz 1 (Gegenwart) und sehen Sie sich auf Platz 2 (Vergangenheit) handeln. Wie verhalten Sie sich? Wie fühlen Sie sich, wenn Sie sich dabei zusehen?

■ Verändern Sie nun mit Hilfe Ihrer Kenntnisse über die Submodalitäten die begleitenden Gefühle und Gedanken, die bei den Beklemmungen auftreten, so lange, bis Sie merken, Sie können an Ihrem Zustand etwas ändern.

■ Sehen Sie sich nun in der Zukunft (auf Platz 3) handeln und zwar so, daß keine

Beklemmungen auftreten. Konzentrieren Sie sich dabei auf die Art und Weise, wie Sie damit umgehen. Springen Sie dann in das Bild hinein und fühlen und denken Sie so, daß keinerlei Beklemmungen auftreten können.

■ Beenden Sie diese Übung, indem Sie noch einige Notizen auf einem Blatt Papier festhalten.

## Ein wichtiger Tip:

Heben Sie Ihre schriftlichen Unterlagen auf jeden Fall auf und ergänzen Sie sie nach den Übungen. Das Ziel: Sie verbessern Ihre Übungen so lange, bis der gewünschte Zweck im Alltag umsetzbar erscheint. Sie haben Ihr Ziel dann erreicht, wenn sich die Beschwerden kontinuierlich verringern, bis sie ganz verschwunden sind.

## So können Sie Beklemmungen vermeiden

■ Führen Sie ein Kurzentspannungstraining durch. Konzentrieren Sie sich danach auf eine Situation, in der Sie normalerweise Beklemmungen spüren würden. Suchen Sie sich möglichst eine Situation aus der letzten Vergangenheit, aus den letzten Wochen, heraus.

■ Stellen Sie sich die Situation möglichst plastisch vor, indem Sie die Randbedingungen sehen, aber ohne sich selbst dabei miteinzubeziehen. Sie sehen sozusagen eine Szene, die Beklemmungen verursachen könnte, aber Sie sind (noch) nicht dabei.

■ Dann stellen Sie sich vor, wie Sie sein müßten, um eine solche Situation bewältigen zu können, ohne Beklemmungen zu bekommen. Was sollten Sie tun? Wie sollten Sie sich fühlen? Wie könnte das alles aussehen?

■ Dann stellen Sie sich vor, wie Sie entspannt und ausgeruht und bester Laune in die belastende Situation kommen und wie Sie sie bewältigen, ohne Beklemmungen zu bekommen.

### Das Ziel dieser Übung ist es:

▶ Sie wissen vorher, was auf Sie zukommt,

▶ Sie stellen sich vor, wie Sie so etwas bewältigen könnten,

▶ Sie springen in das Bild hinein und bewältigen es. Indem Sie die Beklemmungssituation vorwegnehmen und sie übungsweise bewältigen, schaffen Sie die Voraussetzungen dafür, daß in der Realität die Beklemmungen gar nicht erst auftreten können.

**Verändern Sie Ihre Gedanken so, daß sie keine Beklemmungen mehr auslösen können**

**Wie müßten Situationen aussehen, damit Sie keine Beklemmungen bekommen?**

**Heben Sie alle schriftlichen Unterlagen über Ihre Übungen auf**

# Herzschmerzen

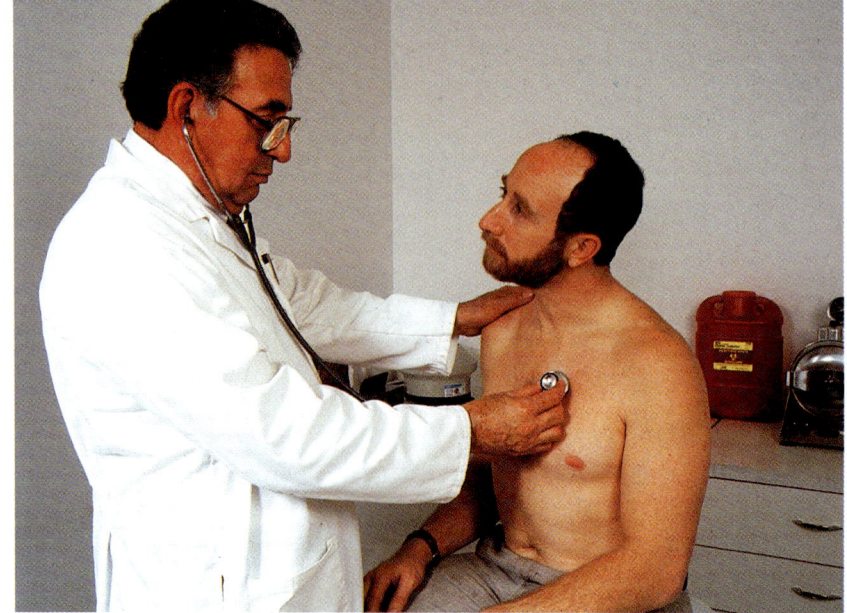

Vorsicht bei
allen Herz-
problemen!

## Beschreibung der Symptome

Leichte Herzschmerzen, die immer wieder bei bestimmten seelischen Belastungen oder Problemen auftreten und sich als Druck auf der Brust, mit Atembeklemmungen oder Herzstolpern zeigen, sind zumeist mit Angstgefühlenverbunden.

## Mögliche Ursachen

▶ Streßsituationen mit körperlicher und/oder seelischer Überlastung
▶ streßbedingte Herzrhythmus-störungen
▶ Herzneurose

Bei psychosomatischen Herzbeschwerden kann man sich so hineinsteigern, daß der Notarzt gerufen werden muß, obwohl kein organischer Befund vorliegt

## Einschätzung des Erkrankungsrisikos

Alle Störungen, die das Herz betreffen, sind vom Laien ohne ärztliche Hilfe nur sehr schwer einzuschätzen. Auch hier gilt: Nur wenn Sie sicher sind und entsprechende Erfahrungen haben, sollten Sie selbst versuchen, der Sache auf die Spur zu kommen. Streßbedingte Herzschmerzen sind relativ häufig und können harmlos sein, wenn man langfristig etwas an den auslösenden Faktoren ändert.

## Folgen und Auswirkungen

Wer sich um die Anzeichen und Signale, die ihm sein Herz sendet, nicht kümmert, riskiert eine Verschlimmerung der Situation. Zwar sind psychosomatische Herzbeschwerden nicht lebensgefährlich, können aber für den Betroffenen durchaus so aussehen. Nicht selten führen sie zu Krankenhauseinweisungen, ohne daß ein organischer Befund vorliegen muß.

## Möglichkeiten der Vorbeugung

Wer auf sich und die Signale seines Körpers achtet, läuft nur wenig Gefahr, psychosomatische Beschwerden zu bekommen. Die beste Vorbeugung ist immer noch, sich rechtzeitig genug zurückzunehmen und auch einmal eine Pause zu machen, bevor die Streßsymptome auftreten. Wer dazu auch noch Sport treibt und Genußmittel wie Nikotin, Kaffee und Alkohol nur in geringen Mengen zusichnimmt, braucht sich kaum Sorgen zu machen.

## Wann sollten Sie einen Arzt aufsuchen?

Wenn Sie mit Hilfe von Selbsthilfemethoden keinen Erfolg haben und die Symptome trotzdem weiter auftreten oder wenn die Schmerzen sehr stark sind, müssen Sie unbedingt Ihren Hausarzt oder gleich einen Spezialisten aufsuchen.

**Alles, was das Herz betrifft, ist vom Laien nur sehr schwer einzuschätzen**

## Möglichkeiten der Selbsthilfe durch NLP-Übungen

### So finden Sie heraus, woher die Herzschmerzen kommen

■ Führen Sie zwei Wochen lang ein Beschwerdentagebuch. Notieren Sie alle Situationen, in oder nach denen Herzschmerzen auftreten.

**Notieren Sie alle Situationen, in denen Herzbeschwerden aufgetreten sind**

■ Werten Sie das Beschwerdentagebuch nach den Vorgaben auf Seite 110 aus. Versuchen Sie dabei hauptsächlich herauszufinden, was die Beschwerden auslöst und wie das genau vorsichgeht.

■ Führen Sie eine Kurzentspannung durch. Verändern Sie danach mit Hilfe der Submodalitäten auf Seite 90 ff. die begleitenden Gefühle und Gedanken so lange, bis Sie damit zufrieden sind, wie leicht sich so etwas beeinflußen läßt.

■ Stellen Sie sich dann vor, wie Sie sich eigentlich in ähnlichen Situationen verhalten müßten, damit diese Beschwerden gar nicht auftreten können. Konzentrieren Sie sich dabei auf das Handeln, die Gefühle und Gedanken, die das Handeln begleiten.

**Verankern Sie den Übungsablauf mit Hilfe Ihrer Notizen in Ihrem Innern**

■ Springen Sie in diese Situation hinein und erleben Sie, wie Sie sie ohne Herzschmerzen bewältigen können.

■ Machen Sie sich darüber Notizen, die Sie immer wieder mal zur Hand nehmen sollten. Wiederholen Sie diese Übung mehrmals, um den Ablauf zu erlernen und fest in Ihrem Innern zu verankern.

Sollten die Schmerzen trotz aller Bemühungen noch einmal auftreten, führen Sie die nächste Übung durch. Mit Ihrer Hilfe lernen Sie, wie Sie sich selbst in einer Bewältigungssituation ankern können.

## So können Sie sich in einer bestimmten Situation ankern

■ Führen Sie eine Kurzentspannung durch. Setzen Sie sich danach ruhig auf Ihren Stuhl und überlegen Sie, welche Auslöser (bestimmte Situationen, Reize, etc.) bei Ihnen bestimmte Körperreaktionen auslösen können. »Anker« sind symbolische Auslöser für bestimmte Situationen.

■ Diese Auslösesituationen können bestimmte automatisch ablaufende Programme in Ihrem Körper auslösen. Meistens handelt es sich dabei um die Ausschüttung von Hormonen, die Ihren Organismus in Trab bringen sollen. Stellen Sie sich vor, wie Sie auf Platz 1 (Gegenwart) stehen und sich selbst auf Platz 2 (Vergangenheit) stehen sehen. Sie sehen sich wie in einem Kinofilm handeln. Nehmen Sie als Beispiel eine Szene, in der so ein Notfallprogramm bei Ihnen ablief, und beobachten Sie dabei genau Ihre Reaktionen.

■ Springen Sie in das Bild hinein und fühlen Sie alle Reaktionen intensiv selbst. Dann rufen Sie sich innerlich (ohne zu sprechen) »Halt – Stop!« zu und unterbrechen das automatisch ablaufende Programm

■ Nun denken Sie nach und suchen nach einem Auslöser für ein positves Gegenprogramm, das Sie zum Beispiel in Schmerzsituation (siehe oben) einsetzen können. Dabei kommt es darauf an, eine positive Gegenreaktion, eine angenehme Vorstellung, die zu positven Gefühlen und Gedanken führt, auszulösen. So können Sie zum Beispiel Ihren (Ehe-) Ring anfassen und drehen und dabei an eine angenehme Situation im Zusammenhang mit Ihrer Partnerin denken.

■ Sehen Sie sich dabei auf Platz 3 wie auf einer Kinoleinwand handeln. Führen Sie die angenehme Erinnerung auf diesem Platz komplett aus. Sehen Sie sich dabei zu. Dann springen Sie in das Bild hinein und fühlen auch die damit verbundenen Gefühle und bekommen die entsprechenden Gedanken. Es ist völlig egal, um was für eine Erinnerung oder Vorstellung es sich dabei handelt, sie sollte lediglich in der Lage sein, Sie in Hochstimmung und damit in eine angenehme Gefühls- und Gedankensituation zu versetzen.

■ Nach dieser Übung notieren Sie sich den Auslöser (Anker= zum Beispiel »Ring drehen«) und die damit verbundenen positiven Gefühle und Gedanken.

**So versetzen Sie sich in eine positive Stimmung**

## Ein wichtiger Tip:

Suchen Sie sich ein oder zwei Situationen in Ihrem Leben heraus, die Sie auch noch in Ihrer Erinnerung in Hochstimmung versetzen. Kosten Sie diese Erinnerungen voll aus. Üben Sie diese Ankerübung immer wieder so lange, bis Sie auf Kommando in der Lage sind, sich aus einer unangenehmen Situation heraus in eine angenehme Stimmung zu bringen. Denken Sie daran, der Anker ist das entscheidende Moment, der die automatische Reaktion auslöst und das positive Programm ablaufen läßt.

**»Anker« sind das Signal für Ihren Organismus, bestimmte Programme ablaufen zu lassen**

**Wenn Schmerzen nach dem Essen auftreten, können Sie sicher sein, daß Sie zu schwer gegessen haben oder eine Magenschleimhautentzündung haben.**

# Bauchschmerzen

## Beschreibung der Symptome

Sie haben immer wieder einmal Bauchschmerzen in bestimmten Situationen (Streß etc.), die sich beispielsweise als Bauchdrücken, Blähungen, Völlegefühl, Sodbrennen äußern. Die Schmerzen treten nicht nach dem Essen auf, sondern nach bestimmten Situationen. Wenn Schmerzen nach dem Essen auftreten (etwa anderthalb Stunde danach), können Sie sicher sein, daß Sie entweder zu schwer gegessen oder eine Magenschleimhautentzündung haben. In diesem Fall sollten Sie möglichst bald einen Arzt aufsuchen.

## Mögliche Ursachen

Bei Bauchschmerzen gibt es eine ganze Reihe von Ursachen, die von der einfachen Verdauungsstörung bis zum gefährlichen Magen-Darm-Krebs reichen können:
▶ Magenschleimhautentzündung
▶ Überlastung des Magens
▶ Übersäurung des Magens
▶ Regelschmerzen
▶ Nachwirkungen von Medikamenten
▶ Alkohol- und Nikotinmißbrauch
▶ Blinddarmentzündung
▶ seelische Probleme

## Einschätzung des Erkrankungsrisikos

Die einfachste Methode, um herauszubekommen, was es mit den Bauchschmerzen auf sich hat, besteht darin, die Begleitumstände genau zu eruieren. Die Führung eines Symptometagebuchs gibt genaue Aufschlüsse darüber, in welchen Situationen Bauchschmerzen auftreten können. Damit erhält man auch genaue Hinweise auf die Auslöser und Ursachen der Schmerzen. Wenn Sie ganz sicher gehen wollen und sich Sorgen machen, suchen Sie Ihren Arzt auf.

## Folgen und Auswirkungen

Nur bei vorliegenden schweren Störungen oder Krankheiten sind Folgeerkrankungen zu erwarten.

Normale Bauchschmerzen sind Verdauungsprobleme auf körperlicher und seelischer Ebene, die sehr wohl in Selbsthilfe angegangen werden können.

## Möglichkeiten der Vorbeugung

Teilen Sie sich Ihre Mahlzeiten ein, indem Sie morgens viel, mittags weniger und abends nur eine kleine Mahlzeit zusichnehmen (Frühstück wie ein König, Mittagessen wie ein Edelmann, Abendessen wie ein Bettler).

▶ Auf keinen Fall schwere Mahlzeiten vor dem Schlafengehen zu sich nehmen.
▶ Treiben Sie ausreichend Sport und bewegen Sie sich nach dem Essen.
▶ Achten Sie auf eine ruhige Umgebung beim Essen und machen Sie beim Essen nichts anderes als essen!
▶ Sorgen Sie dafür, daß seelische Probleme nicht hinausgeschoben, sondern gelöst werden.

Das ist die beste Vorbeugung für psychosomatische Bauchschmerzen.

## Wann sollten Sie einen Arzt aufsuchen?

Sie müssen immer dann einen Arzt aufsuchen,

■ wenn Sie nach Entspannungsübungen (Kurzentspannung bei Schmerzen durchführen) immer noch Bauchschmerzen haben und/oder diese von verschiedenen Begleitsymptomen (Durchfall, Fieber etc.) begleitet sind,

■ wenn Sie Sorge haben, daß eine ernsthafte Erkrankung vorliegen könnte.

**Auch hier gilt: Wenn Sie nicht sicher sind, suchen Sie Ihren Arzt auf!**

**Die beste Vorbeugung: Seelische Probleme lösen und nichts in sich hineinfressen**

## Möglichkeiten der Selbsthilfe durch NLP-Übungen

**So finden Sie heraus, was Ihre Bauchschmerzen verursacht**

**Vergleichen Sie alle Situationen miteinander, die Bauchschmerzsymptome auslösen können**

■ Führen Sie als erstes ein Kurzentspannungstraining durch. Sollten Ihre Bauchschmerzen danach verschwunden sein oder sich wesentlich gebessert haben, könnte das der erste Hinweis darauf sein, daß es sich um seelisch verursachte Bauchschmerzen handelt. Nun besteht Ihre Aufgabe darin, herauszufinden, welche Art von seelischer Spannung bei Ihnen Bauchschmerzen auslösen kann.

■ Fangen Sie mit den Stunden vor den letzten Bauchschmerzen an und überlegen Sie, was mit Ihnen los war und mit welchen Problemen Sie sich herumschlagen mußten. Schreiben Sie diese Dinge am besten auf.

**Auch hier gilt: Machen Sie sich Notizen!**

■ Gehen Sie dann in Ihrer Erinnerung noch etwas weiter zurück und versuchen Sie noch andere Situationen herauszubekommen, in denen Sie Bauchschmerzen hatten. Schreiben Sie diese ebenfalls auf.

■ Vergleichen Sie diese Situationen miteinander und versuchen Sie herauszubekommen, inwieweit sie sich ähneln. Was gibt es für gemeinsame Nenner? Welche Situationen sind immer gleich? Wie ähneln sie sich? Was ist das Besondere an diesen Situationen?

■ Führen Sie danach ein Kurzentspannungstraining durch. Konzentrieren Sie sich auf die begleitenden Submodalitäten (Seite 90 ff.) und verändern Sie Ihre Gedanken und Gefühle in bezug auf die Auslöser.

■ Überlegen Sie sich, wie Sie sein möchten, das heißt, wie Sie in ähnlichen Situationen handeln möchten, ohne daß Sie Bauchschmerzen bekommen, sondern sich wohlfühlen können. Springen Sie in dieses Bild hinein und fühlen Sie sich so, als ob Sie es schon beherrschen würden. Machen Sie sich nach der Übung Notizen darüber, wie Sie selbst Einfluß auf sich nehmen können.

# Schmerzende Füße

## Beschreibung der Symptome

Ihre Füße brennen, tun Ihnen weh. Sie spüren Stauungsgefühle in den Beinen und im Unterschenkel.

Wenn Ihre Füße Sie nicht mehr tragen wollen, stimmt etwas in Ihrer Lebensführung nicht. Sie überlasten Ihre Basis.

## Mögliche Ursachen

▶ Ermüdungserscheinungen
▶ falsches Schuhwerk (zu eng)
▶ eventuelles Übergewicht
▶ zu langes Stehen
▶ Bindegewebeschwäche
▶ seelische Probleme

153

## Einschätzung des Erkrankungsrisikos

Daß die Füße nach einem langen Arbeitstag schmerzen, ist völlig normal und bei bestimmten Berufen (Bedienung, Verkaufsberufe) auch eher die Regel. Wer sich allerdings darum nicht kümmert, muß mit weiteren Erkrankungen zum Beispiel der Gefäße in den Beinen rechnen. Die Thromboseneigung (Verschlußkrankheit der Gefäße) kann zunehmen.

**Wem die Füße schmerzen, der sollte sich Gedanken darüber machen, was er sich selbst und seinen Füßen zumutet, so daß sie sich auf diese Weise »Gehör« verschaffen wollen**

## Folgen und Auswirkungen

Wer sich um die Anzeichen und Signale, die ihm seine Füße senden, nicht kümmert, darf sich auch nicht wundern, wenn Sie ihm den Dienst in Form einer Erkrankung versagen. Venenleiden sind häufig bei Frauen anzutreffen. Unbehandelt können verschiedene Folgeerkrankungen (von der schon genannten Thrombose, bis zu offenen, entzündeten Beinen) auftreten.

## Möglichkeiten der Vorbeugung

Wer auf sich und die Signale seines Körpers achtet, läuft nur wenig Gefahr, Beschwerden zu bekommen. Die beste Vorbeugung ist immer noch, sich rechtzeitig genug zurückzunehmen und auch einmal eine Pause zu machen, bevor die Symptome auftreten. Wer dazu auch noch Sport treibt und ab und zu einmal eine Pause einlegt, braucht sich kaum Sorgen zu machen.

## Wann sollten Sie einen Arzt aufsuchen?

Sie müssen immer dann zum Arzt, wenn Sie mit Hilfe von Selbsthilfemethoden keinen Erfolg haben und die Symptome trotzdem weiter auftreten oder wenn die Schmerzen sehr stark werden.

# Möglichkeiten der Selbsthilfe durch NLP-Übungen

**So finden Sie heraus, woher die Fußschmerzen kommen**

■ Führen Sie zwei Wochen lang ein Beschwerdentagebuch. Notieren Sie alle Situationen, bei oder nach denen Fußschmerzen auftreten.

■ Werten Sie das Beschwerdentagebuch nach den Vorgaben auf Seite 110 aus. Versuchen Sie dabei hauptsächlich herauszufinden, was die Beschwerden auslöst und wie das genau vor sich geht.

■ Führen Sie eine Kurzentspannung durch. Verändern Sie danach mit Hilfe der Submodalitäten auf Seite 90 ff. die begleitenden Gefühle und Gedanken so lange, bis Sie damit zufrieden sind, wie leicht sich so etwas beeinflußen läßt.

■ Stellen Sie sich dann vor, wie Sie sich eigentlich in ähnlichen Situationen verhalten müßten, damit diese Beschwerden gar nicht aufzutreten brauchen. Konzentrieren Sie sich dabei auf das Handeln, die Gefühle und Gedanken, die das Handeln begleiten.

■ Springen Sie in diese Situation hinein und erleben Sie, wie Sie sie ohne Fußschmerzen bewältigen können. Stellen Sie sich das Ganze möglichst plastisch vor!

■ Machen Sie sich darüber Notizen, die Sie immer wieder mal zur Hand nehmen sollten. Wiederholen Sie diese Übung mehrmals, um den Ablauf genau zu erlernen und fest in Ihrem Innern zu verankern.

Sollten die Schmerzen trotz aller Bemühungen noch einmal auftreten, führen Sie die Ankerübung (Seite 156) durch. Mit Ihrer Hilfe lernen Sie, wie Sie sich selbst in einer Bewältigungssituation ankern können.

Das Geheimnis erfolgreichen Übens besteht in der Wiederholung der Übungen. Solange, bis die Übung »sitzt«. Denken Sie daran, auch erfolgreiche Sportler wie Boris Becker sind nur durch regelmäßiges Üben dorthin gekommen, wo sie heute stehen

**Notieren Sie alle Situationen, in denen Fußbeschwerden aufgetreten sind**

**Verankern Sie den Übungsablauf mit Hilfe Ihrer Notizen in Ihrem Innern**

# So können Sie sich in einer bestimmten Situation ankern

**Beobachten Sie dabei genau Ihre Reaktionen**

■ Führen Sie eine Kurzentspannung durch. Setzen Sie sich danach ruhig auf Ihren Stuhl und überlegen Sie, welche Auslöser (bestimmte Situationen, Reize, etc.) bei Ihnen bestimmte Körperreaktionen auslösen können.

■ Diese Auslösesituationen können bestimmte automatisch ablaufende Programme in Ihrem Körper auslösen. Meistens handelt es sich dabei um die Ausschüttung von Hormonen, die Ihren Organismus in Trab bringen sollen. Stellen Sie sich vor, wie Sie auf Platz 1 (Gegenwart) stehen und sich selbst auf Platz 2 (Vergangenheit) stehen sehen. Sie sehen sich selbst wie in einem Kinofilm handeln. Nehmen Sie als Beispiel eine Szene, in der so ein Notfallprogramm bei Ihnen ablief und beobachten Sie dabei genau Ihre Reaktionen.

**So versetzen Sie sich in eine positive Stimmung**

■ Springen Sie in das Bild hinein und fühlen Sie alle Reaktionen intensiv selbst. Dann rufen Sie sich innerlich (ohne zu sprechen) »Halt – Stop!« zu und unterbrechen das automatisch ablaufende Programm

■ Nun denken Sie nach und suchen nach einem Auslöser für ein positives Gegen-programm, das Sie zum Beispiel in Schmerzsituationen (siehe oben) einsetzen können. Dabei kommt es darauf an, eine positive Gegenreaktion, eine angenehme Vorstellung, die zu positven Gefühlen und Gedanken führt, auszulösen. So können Sie zum Beispiel Ihren (Ehe-) Ring anfassen und drehen und dabei an eine angenehme Situation im Zusammenhang mit Ihrem Partner denken.

■ Sehen Sie sich dabei auf Platz 3 wie auf einer Kinoleinwand handeln. Führen Sie die angenehme Erinnerung auf diesem Platz komplett aus. Sehen Sie sich dabei zu. Dann springen Sie in das Bild hinein und fühlen auch die damit verbundenen Gefühle und denken die entsprechenden Gedanken. Es ist völlig egal, um was für eine Erinnerung oder Vorstellung es sich dabei handelt, sie sollte lediglich in der Lage sein, Sie in Hochstimmung und damit in eine angenehme Gefühls- und Gedankensituation zu versetzen.

■ Nach dieser Übung notieren Sie sich den Auslöser (Anker= zum Beispiel »Ring drehen«) und die damit verbundenen positiven Gefühle und Gedanken.

## So können Sie sich bei Gesundheitsproblemen NLP-Übungen »basteln«

■ Jede NLP-Gesundheitsübung sollte mit der Führung eines Beschwerdentagebuchs beginnen. Führen Sie dieses Buch ein oder zwei Wochen lang, jedenfalls so lange, bis Sie glauben, genügend Erkenntnisse über Ihre Beschwerden zu haben.

■ Werten Sie die Eintragungen aus, indem Sie sich auf die Auslösesituation und alle Bedingungen, unter denen die Beschwerden auftreten können, konzentrieren. Wichtig dabei ist neben der Häufigkeit das Suchen nach bestimmten Mustern.

■ Bevor Sie mit den weiteren Schritten fortfahren, sollten Sie als erstes an dieser Stelle ein Kurzentspannung durchführen.

■ Nach der Kurzentspannung beschäftigen Sie sich mit den Submodalitäten, das heißt, mit den Gedanken und Gefühlen, die Ihre Beschwerden begleiten. Sie versetzen sich in eine belastende Situation und verändern langsam Ihre Submodalitäten, indem Sie wie auf Seite 90 ff. beschrieben, vorgehen. Mit dem Separator (Stopper) können Sie automatisch ablaufende Prozesse ändern.

■ Sie bewegen sich dabei auf verschiedenen Plätzen: Gegenwart (Platz 1), Vergangenheit (Platz 2), und Zukunft (Platz 3). Sie stehen jeweils zu Beginn eines Übungsabschnitts auf Platz 1 in der Gegenwart und Sie sehen sich entweder in der Vergangenheit oder in der Zukunft (wie auf einer Kinoleinwand) handeln. Dabei kommt es darauf an, sich handeln zu sehen, nicht selbst zu handeln.

■ Erst im nächsten Schritt der Übung springen Sie in das konstruierte Bild von sich selbst, wenn Sie sich zum Beispiel selbst erfolgreich handeln sahen, hinein. Dann fühlen Sie sich so, als ob Sie erfolgreich genau das tun, was Sie sich vorher erarbeitet haben.

■ Machen Sie sich Notizen von allen Phasen der Übung, damit Sie Unterlagen über Ihre Vorgehensweisen und vor allem über die Ergebnisse haben.

■ Beenden Sie jeweils eine Übung damit, daß Sie rückwärts von 5 bis 0 zählen und noch einmal die Hände zur Faust ballen und dann die Augen öffnen.

**Kurzentspannungen sollten in keiner NLP-Übung fehlen!**

# Register

Zum Thema »Sanfte Medizin« sind im URANIA VERLAG erschienen:

Blütendüfte für mehr Wohlbefinden, Praktische Anwendungen der Aromatherapie (Nr. 570).

Autogenes Training, Entspannt und gesund durch das individuelle Erfolgsprogramm (Nr.569).

Reiki, Heilung durch universelle Lebenskraft (Nr. 571)

Yoga für eine sanfte Geburt, Die optimale Vorbereitung in der Schwangerschaft (Nr. 577).

Zum Thema »Gesundheit« sind im URANIA VERLAG erschienen:

Homöopathie richtig anweden, Fit und gesund durch die Kräfte der Natur (Nr. 566).

Gesund ohne Arzt, Durch geistige Selbstheilung zur neuen Persönlichkeit (Nr.564).

Die Schlankformel: Weniger Fett – mehr Vitalstoffe (Nr. 565)

Die Deutsche Bibliothek – CIP-Einheitsaufnahme

Weigel, Wolf
**Selbstheilung durch NLP: Ein neuer Weg zur ganzheitlichen Gesundheit** / Weigel, Wolf. – Orig.-Ausg. – Berlin: URANIA, 1996
  ISBN 3-332-00568-5
NE: Weigel, Wolf

Zeichnungen: Helga-Elena Staroske, München
Fotos: Bavaria Bildagentur, München: S. 6 (Fruchet), S. 10 (B. P.), S. 44 (Boissavy), S. 102 (Seward), S. 142 (Stock Image), S. 146 (FPG); Fotodienst Fehn, Schwabenheim S. 48; KENO Studio (Löwenhaus), München: S. 22, 30, 37 (beide), 130; Anke Klein, Freising S. 42; Mauritius Bildagentur (Gebhard), Stuttgart S. 45; Tony Stone Bilderwelten (Hanover), München S. 50; Superbild, München-Grünwald: S. 18 (Elibertand), S. 83, 96 (Ducke), S. 126 (Bach), S. 150 (B.S.I.P.).

Redaktion: Dr. Reitter & Partner Verlag GmbH, 85591 Vaterstetten
Umschlaggestaltung und Layout: Steinkaemper/Lohmann, Visuelle Kommunikaion, 86859 Igling
Titelbild: Renzo Mancini – The Image Bank
Produktion: Dr. Reitter & Partner Verlag GmbH, 85591 Vaterstetten
Druck: Mladinska Knjiga Tiskarna

© 1996 by Urania-Verlag GmbH
in der Dornier Medienholding, Berlin
Die Verwertung der Texte und Bilder, auch auszugsweise, ist ohne Zustimmung des Verlags urheberrechtswidrig und strafbar. Dies gilt auch für Vervielfältigungen, Übersetzungen, Mikroverfilmungen und für die Verarbeitung mit elektronischen Systemen.

Die Ratschläge in diesem Buch sind von Autor und Verlag sorgfältig erwogen und geprüft, dennoch kann eine Garantie nicht übernommen werden. Eine Haftung der Autorin bzw. des Verlags und seiner Beauftragten für Personen-, Sach- und Vermögensschäden ist ausgeschlossen.

Originalausgabe
ISBN 3-332-00568-5